目　录

绪　论

一　国内外研究现状述评及研究意义

目前，中国正处于改革发展的关键阶段，发展与问题交织，改革与转轨并行，利益差异与利益冲突凸显。因此，中国正面临着社会转型、经济转型与体制转型的三元转型。当代中国的社会转型，在最为本质的意义上表现为经济范畴的制度变迁和利益结构的变化。正是在这样的背景下，和谐社会构建问题的提出，体现了科学发展观的内在要求。而和谐社会的形成，有两个方面的因素尤其重要：一是各种社会制度安排的合理性，也就是制度和谐因素，这就要求不断进行制度创新；二是社会经济发展因素。从总体上看，制度创新有助于社会增加弹性和协调性，同时为社会经济发展提供体制性资源。

（一）国内研究现状述评

国内理论界对和谐社会的研究，集中在2006年《中共中央关于构建社会主义和谐社会若干重大问题的决定》出台前后。虽然最早的研究可以追溯到1987年，但是相关研究却集中在2005～2007年这一时段。而与本选题紧密相关的论题——和谐社会与制度创新以及综合改革试验区的相关研究，都主要出现在2006年以后，而且相对于"和谐社会""和谐社会构建"这两个论题，在数量上相去甚远。如表1所示。

表 1　和谐社会及相关论题的研究统计

内容＼时间	1987～2008 年	最早的文献	1988～2004 年	2005 年	2006 年	2007 年	2008 年
和谐社会	6266	1987 年 3 篇（非核心期刊）	73	1733	2194	2252	14
和谐社会构建	3285	2004 年	21	1012	1184	1062	6
和谐社会与制度	65	2002 年	2	11	28	24	0
和谐社会与制度创新	6	2005 年	0	2	1	3	0
和谐社会构建中的制度创新	1	2007 年	0	0	0	1	0
综合配套改革试验区	13	2006 年	0	0	5	8	0

注：表中只统计了发表在核心期刊上的论文。

资料来源：CNKI 中国知网。

从研究内容来看，王其俊（1987）的研究，可以说是我国学术界对和谐、和谐社会的最早界定。21 世纪集中出现了对构建和谐社会的背景、和谐社会的界定、和谐社会的特征、衡量和谐社会的标准、构建和谐社会的意义、不和谐因素、如何构建和谐社会、构建的切入点、和谐社会与小康社会的关系等问题的研究（青连斌，2006）。结合本研究选题，下面就和谐社会与制度创新以及综合改革试验区的研究进行简要述评。

制度创新是和谐社会构建的关键，这是已有研究的共识。但是对于如何进行制度创新，则仁者见仁，智者见智。

第一，从制度经济学的视角切入。卢现祥等人（2006）基于新制度经济学的理论视角，将和谐社会定义为交易费用最小的社会，认为和谐市场、和谐企业与和谐政府（国家）是和谐社会制度建构的 3 个层面；同样，罗必良（2006）也强调要用交易成本来衡量社会的和谐程度，认为市场机制、产权机制以及以政府为主导的社会治理机制是构建和谐社会的关键；杨明佳等人（2006）强调建设社会主义和谐社会要避免制度的断裂，实现制度的整合；陈文泽等人（2005）重点关注了正式制度对构建和谐社会的重大意义；罗昌瀚等人（2006）强调正式制度和非正式制度之间的和谐关系；而对社会资本和和谐社会的研究，基本都可以归结到非正式制度的制度分析一类（任典云，2006；徐理响、於莉，2005；吴光芸，2006；周文、李晓红，2007）。

第二，从制度构建原则的角度切入。比如，王志勇（2006）强调社会制度调整必须要坚持差别原则、尊重形式正义的原则和增强社会制度适应能力的原则；李宗植（2007）提出构建和谐社会的制度创新，应该是建立以公有制为主体的多种类产权制度、按劳分配为主体的多要素分配制度、国家主导型的多结构市场制度、自立主导型的多方位开放制度的"四主型"经济制度；吴桂林等人（2007）则强调要建立和维持公正客观的利益整合机制、畅通的城乡社会流动机制、完善的社会保障机制、健全的社会控制机制和良好的利益表达和回应机制；蒋京议（2007）认为，利益均衡性制度安排是构建和谐社会的关键，而权利资源的平等分配是其重要前提，公共选择是其重要途径；陈永森（2006）则从公私观的角度探讨了和谐社会制度安排的问题；姚莉等人（2007）强调地方政府在制度供给机制上应由效率主义向正义内核转变，由政府主导的单一主体向以政府为主的多元主体转变，由追求经济收益最大化向最大限度地实现公共利益转变，由非制度化、非规范化的制度供给方式向制度化、规范化的供给方式转变；另外，不少研究强调和谐社会构建中制度的公平公正原则（程竹汝，2007；郑传贵，2006；李志江，2006）；张录强（2006）则强调克服信息失真、制度失灵和建设和谐社会的关键。

第三，从某一具体的制度或问题切入。制度方面，包括从产权制度（熊晓娥、邹小华，2007；张术环，2005）、政党制度（王彩玲，2007；金勇兴，2006）、公安管理制度（王舒娜，2005；彭宇文，2007）、民族区域自治制度（周传斌，2002）等方面进行的研究；其他领域，包括从制度道德（孔德元、朱卫卫，2006）、劳动关系（吕景春，2006）、制度伦理（彭定光，2006；陈建平，2005）、制度与文化条件（于风政，2005）、"民工荒"问题（刘铮，2007）等领域出发，探讨和谐社会构建中的制度创新问题；吕炜（2007）则通过经验研究，对 1995～2004 年公共财政在和谐社会构建中的绩效进行了综合评价。

第四，从影响和谐的因素切入。比如，李培林（2005）认为，构建和谐社会的关键是实现八大结构的和谐，即城乡结构、区域结构、社会阶层结构、就业结构、代际结构、价值观、国际交往环境、人的发展与自然，并据此提出了 7 点政策建议；李君如（2005）则列举了社会发展滞后于经济增长等 10 个方面的不和谐因素。

而在为数不多的针对综合改革试验区的研究中，绝大多数都将制度创新视为综合改革试验区的中心任务（王立国，2006；李罗力，2006；中共重庆市委党校统筹城乡发展研究中心，2007；孙超英、贾舒、高波，2007；李春洋，2007）；王淑莉（2006）探讨了综合配套改革试验区中政府管理的角色定位问题；李家祥（2007）探讨了我国综合配套改革试验区的理论价值与阶段特征；郝寿义等人（2007）则从区域经济学的视角，对国家综合配套改革试验区的制度空间传导机制进行了研究。

因此，综合来看，对和谐社会构建中的制度创新问题的研究，有以下几方面特征。第一，从量上来看，与大量针对和谐社会展开的研究相比，数量很少。第二，从不同角度对和谐社会制度构建的研究来看，要么侧重纯理论的研究，比如从制度经济学、制度构建原则切入的研究；要么过于具体，将关注的焦点集中在某一特定领域，因而缺乏相应的系统性。而且，问题导向的研究偏少，只有极少数学者从不和谐的因素出发，探讨和谐社会构建的制度创新问题。第三，对综合改革试验区的研究刚刚起步。因此，尽管制度创新是试验区的中心任务，但是对于这方面的研究还是十分匮乏，而站在和谐社会构建的高度，将两者联系起来的研究则更是少之又少。

（二）研究意义

从我国制度创新变迁的路径来看，试验区（包括各阶段的经济特区、经济技术开发区）先行试验进程中引致的制度需求，正是推动我国制度创新的强大动力源之一。而在新时期，中央分别在东、中、西部确定了 6 个综合改革试验区，并确定了鲜明的试验主题，这些主题涵盖了和谐社会构建面临的主要矛盾如区域差距、基本制度创新、可持续发展、城乡差距等，而综合改革试验区的先行试验，就是要为消除这些不和谐因素做出开创性的贡献，为此，各试验区被赋予了制度创新的权利。因此，从综合改革试验区的视角切入，以各试验区的试验主题为经验研究对象，探讨和谐社会构建中的制度创新问题，就问题导向的实践意义而言，有利于和谐社会构建中制度创新的瞄准性和有效性；而就理论意义来看，则有利于较为系统、全面地探索和谐社会构建中的制度创新问题。

二　研究的主要内容、基本思路和方法、重点和难点、主要观点和创新之处

（一）主要内容

本研究的主要内容共分七章，结构如下。

第一章，和谐的发展理念与当前的不和谐因素；

第二章，新时期综合改革试验区的区域布局与缩小区域差距的制度创新；

第三章，发展模式转变中的制度创新：基于上海浦东新区和天津滨海新区的实践；

第四章，城乡统筹试验与消除二元结构的制度创新：基于成都试验区和重庆试验区的分析；

第五章，两型社会实践与可持续发展的制度创新：基于长株潭城市群和武汉城市圈的探索；

第六章，扶贫开发重点区域：特殊的试验区与抑制贫困的制度创新；

第七章，和谐社会构建中的制度创新路径与模式。

（二）**基本思路和方法**

本研究的基本思路可以用总——分——总的结构进行表述。首先，从总体上论述构建和谐社会的一整套科学发展理念，并从这些发展理念出发，对我国当前存在的不和谐因素进行诊断，强调通过制度创新消除这些不和谐因素。此部分内容即本研究的第一章。其次，分别就主要的不和谐因素展开研究，重点关注为消除这些不和谐因素而进行的制度创新，即第二章到第六章的内容。需要特别说明的是，之所以将扶贫开发区域专列一章，主要是因为综合改革试验区中没有专门针对贫困问题的试验，而由于区域差距、城乡差距的拉大，贫困问题已经成为影响和谐社会构建的一个重要方面，因此不能存而不论。而我国自"八七扶贫攻坚计划"以来，通过确定扶贫开发重点区域，集中资源开展扶贫开发工作的模式，无疑是试验区的另一种表现形式，因此，第六章专门对该问题进行研究。最后，从理论层面对我国和谐社会构建中的制度创新路径与模式进行归纳和提炼，并提出一些前瞻性的政策建议。

在研究中，我们将根据需要，通过文献资料购买、实地调研、访谈等方法获得相关资料，并运用制度变迁理论、演化理论以及社会学、经济学的理论工具展开研究，将以案例分析的方式进行经验研究，以演化分析和制度分析为主，进行理论抽象。

（三）**研究的重点和难点**

本研究的重点包括以下两点：第一，判断当前影响和谐的主要方面；第二，紧扣科学的和谐发展理念，根据各试验区的实践，密切结合影响和谐的各个方面，就制度创新问题展开经验和理论研究。难点在于两方面。除了问题导向这一相同的制度创新动力以外，如何才能甄别其他影响制度创新的因素？因为同处一个区域的试验区，其试验主题往往相近甚至完全相同，比如，中部的两个试验区都是以两型社会实践为主题，西部的两个试验区则都是以城乡统筹为主题。但是，根据以往的经验，相同主题的试验未必会产生相同的制度创新，那么，到底是什么导致了这种差异呢？因而，如何识别这些因素，是本研究的一大难点。此外，由于各个试验区建立的时间还比较短，成熟的经验相对较少，这对于我们搜集研究素材是一个不利的影响。因此，如何运用演化理论，对制度创新的趋势进行前瞻性的判断，就成为本研究的另一大难点。

（四）主要观点和创新之处

本研究的主要观点包括以下方面：第一，和谐社会的构建关键是要消除当前的不和谐因素，贯彻科学的和谐发展理念；第二，消除不和谐因素需要制度创新；第三，综合改革试验区在构建和谐社会的制度创新中充当了先行者的角色；第四，对综合改革试验区的制度创新进行研究，能够比较系统地阐释和谐社会构建中的制度创新问题。

本研究可能的创新之处在于以下几点。第一，研究视角的创新。本研究从综合改革试验区的视角研究和谐社会构建中的制度创新问题，可使研究内容更加充实和系统，既避免了抽象地探讨制度创新，也克服了专注于某一特定领域研究的局限性。第二，研究内容的创新。本研究主要通过对试验区实践的研究，探讨制度创新问题，这是已有研究很少涉及的内容。第三，正是因为独特的研究视角和研究内容，使得本研究得出的结论明显区别于以往的研究，提出了创新性的见解。

第一章　和谐的发展理念与当前的
不和谐因素

　　1980 年，我国人均国民生产总值只有 192 美元，位列世界 196 个国家/地区的第 189 位。根据 2011 年的 IMF（国际货币基金组织）排名，在 181 个国家和地区中，我国人均 GDP（国内生产总值）为 5414 美元，位列第 89 位。经过 30 多年的改革开放，中国经济发展出现了增长的奇迹，从 GDP 的总量和增速角度来看，2011 年，我国的 GDP 总量是 72981.47 亿美元，年经济增长率接近 10%，总量已居世界第二位。

　　但是天下从来没有免费的午餐，发展不可能没有代价和冲突。中国在经历高速发展与经济繁荣的同时，也面临着日益突出的社会矛盾和冲突。经验研究发现，在许多国家由不发达走向发达的历程中，社会冲突也体现了呈"驼峰形"（hump-shape）过程的经验规律。也就是说，在一国经济高速发展的初期，往往伴随着社会冲突的急剧增加，然后随着经济的进一步发展，社会冲突开始缓解。19 世纪末，美国进入垄断资本主义阶段，传统政治结构和经济结构受到冲击，因而社会出现深刻变化而产生剧烈的社会冲突：市场失序，腐败猖獗，贫富悬殊严重，种族骚乱，劳资冲突，犯罪率居高不下，这些正是后来 20 世纪初美国进步运动的渊源（王希，2002）。中国社科院课题组在

《2005 年社会蓝皮书》中指出，1993～2003 年，中国的群体性事件由 1 万件增加到 6 万件，涉及人数由 73 万人上升到 307 万人。胡鞍钢、王磊（2005）将当前中国社会不稳定现象概括为 7 个方面：一是社会案件数量迅速上升；二是刑事案件居高不下；三是劳资矛盾冲突加大；四是群体性、突发性事件明显增多；五是各类重大事件频繁发生；六是黑社会性质组织出现；七是艾滋病和死亡人数高速增长。这些都成为新的不稳定因素。因此，孙立平（2004）直接将 20 世纪 90 年代以来的中国社会定义为"断裂社会"。①

在此背景下，党的十六届四中全会提出："要适应我国社会的深刻变化，把和谐社会建设摆在重要位置，注重激发社会活力，促进社会公平和正义，增强社会的法律意识和诚信意识，维护社会安定团结。"2005 年，中央进一步提出了"构建社会主义和谐社会"的目标。相对于过去的小康社会，"和谐社会"不仅仅是一个全新的概念，而且还包含着丰富的内涵和外延。构建和谐社会理念的提出，进一步明确了未来发展的理念要更多强调和谐发展，而不是单纯的 GDP 推进。

一　和谐社会概念辨析

对于和谐社会的理解，近年来学术界进行了诸多研究，形成了众多的研究文献。

一是强调和谐的社会形态。庄锡福（2005）认为，所谓"和谐社会"，就是有机的社会、自治的社会、公正的社会、温馨的社会，构建和谐社会必须朝这 4 个方面努力；② 而宋思伟、孙建成（2009）则把和谐社会形态描述成大同社会。③

---

① 孙立平：《失衡－断裂社会的运作逻辑》，社会科学文献出版社，2004。
② 庄锡福：《构建和谐社会：崭新的执政理念》，《社会主义研究》2005 年第 6 期，第 95～97 页。
③ 宋思伟、孙建成：《儒家大同思想与当代和谐社会理念》，《山东社会科学》2009 年第 S1 期，第 58～60 页。

二是强调民主和社会公平等。李锦坤、杨义芹（2005）认为，和谐社会应从价值理念、发展理念、民主理念、法治理念、公平理念、自然理念和渐进理念等多方面进行理解。① 在此基础上，刘建华（2005）明确提出和谐社会发展的 6 点发展理念，即以民主法治求和谐，以实现公平求和谐，以促进诚信求和谐，以激发活力求和谐，以维护稳定求和谐，以统筹发展求和谐。② 而熊滨（2005）则以社会公正作为落脚点，认为一个和谐社会必须包含实质平等、自由、社会合作等理念。③ 刘琼华（2007）进一步指出，公平正义是和谐社会的内在要求和核心价值理念，也是人类孜孜以求的崇高目标和理想。我们要深刻领会公平正义的内涵及意义，客观正视目前构建和谐社会面临的机会不平等、收入分配不公平、司法不公正等严重的公平正义缺失问题，树立正确的公平正义理念，通过建立利益调控机制，完善社会保障制度，依法行政，司法公正等切实可行的措施维护公平正义。④ 而秦瑞芳、李来和（2006）从文化模式转型的角度，认为和谐发展的理念在于立法，和谐社会的构建首先需要文化模式转型，这种转型的关键环节是形成新的制度文化模式，后者的关键要素是和谐立法理念，这种理念的基本内容包括立法参与和谐、法律制度设计和谐两方面内容。⑤

三是强调科学发展观。黄力之（2005）认为，和谐社会必须以人为本。⑥ 毕力夫（2006）认为，和谐社会的发展理念应该是人与人之

---

① 李锦坤、杨义芹：《构建和谐社会的现代理念内涵》，《贵州社会科学》2005 年第 5 期，第 91～95 页。

② 刘建华：《以科学理念构建和谐社会》，《瞭望新闻周刊》2005 年第 24 期，第 60～61 页。

③ 熊滨：《和谐社会的公正理念》，《江西社会科学》2005 年第 8 期，第 118～121 页。

④ 刘琼华：《公平正义：和谐社会的核心价值理念》，《山东社会科学》2007 年第 8 期，第 100～103 页。

⑤ 秦瑞芳、李来和：《理念：和谐社会与和谐立法》，《社会科学家》2006 年第 3 期，第 80～83 页。

⑥ 黄力之：《历史和现实语境中的"以人为本"——论社会主义和谐社会的发展理念》，《马克思主义与现实》2005 年第 5 期，第 107～110 页。

间的和谐、人与社会之间的和谐、人与自然之间的和谐。① 黄天柱、李楠（2008）则从幸福理念角度入手，认为要构建社会主义和谐社会，应该提倡幸福理念是以人为本的和谐观；而构建和谐与促进国民的幸福感密切相关，其着眼点是人与自然、人与人、人与社会的协调，这既体现了时代的要求，也是社会发展的趋势。② 李国兴（2008）则将毕力夫（2006）的和谐发展理念进一步具体化，指出构成"普遍和谐"观念的雏形应该蕴含人与自然的和谐、人与社会的和谐、人与人的和谐以及人自我身心内外和谐等4个方面。③ 刘俊祥（2006）结合科学发展观的内容提出，建构和谐社会需要确立和坚持10项人本政治理念，认为和谐社会的核心内容是人与人之间的和谐，和谐社会的理想境界是人的交互主体性和谐，和谐社会的本质属性是以人为本的主体和谐。④ 易杰雄（2008）也认为科学发展观应该是和谐社会的发展理念，认为"科学发展观的第一要义是发展，核心是以人为本，基本要求是全面协调可持续，根本方法是统筹兼顾"。⑤ 以科学发展观为发展理念的观点，孙文营（2008）研究得比较深入，他从相互关联的三重维度来理解社会主义和谐社会，认为科学发展观应该是和谐社会的发展理念。⑥ 张春阳、吕元礼（2007）通过研究新加坡人民行动党在构建和谐社会过程中的发展理念后指出，民本理念、包容理念和法治

---

① 毕力夫：《树立科学的和谐社会理念　构建社会主义和谐社会》，《理论前沿》2006年第19期，第15~16页。

② 黄天柱、李楠：《浅析和谐社会的幸福理念》，《河南社会科学》2008年第S1期，第60~62页。

③ 李国兴：《和谐社会理念：对现代性的中国式解读》，《学术研究》2008年第7期，第41~44页。

④ 刘俊祥：《和谐社会建构的人本政治理念》，《山西大学学报》（哲学社会科学版）2006年第6期，第47~51页。

⑤ 易杰雄：《从"实践标准"到"构建和谐社会"——改革开放过程中党的发展理念的哲学透视》，《理论前沿》2008年第17期，第13~16页。

⑥ 孙文营：《科学发展观统领和谐社会构建的三维视野》，《马克思主义研究》2008年第2期，第51~58页。

理念为新加坡和谐社会的构建提供了认同基础、共生前提。[①] 除了单纯的人本发展理念以外，胡少维（2007）则提倡全方位的发展理念，他把社会主义建设的发展理念拓展到政治、经济、社会、文化等各个方面，运用法律、经济、行政、政策等多个角度，统筹各种社会资源，综合解决社会协调发展问题。[②] 王忠武（2008）在胡少维（2007）的基础上具体指出和谐社会的主导性价值理念主要应是人本价值理念、科学价值理念、道德价值理念和审美价值理念。[③]

四是区域经济的均衡发展。蓝蔚（2008）从我国西部民族地区特殊的地理条件、历史传统、区域特点、民族文化、宗教信仰等因素出发，认为在构建和谐社会中，着眼于全面、协调、可持续、共同发展的整体和谐发展理念，坚持机会平等、分配正义、利益分享的社会公正发展理念，化解高危社会风险的发展理念，包含独立自主、竞争合作、开放包容、应变性的理性人格发展理念构成了西部民族地区构建和谐社会的发展理念。[④]

综上所述，我们可以总结出构建和谐社会的新的发展理念包含以下几方面内容：第一，更加注重整体全局的观念，以系统性和多元化的发展理念代替非系统性、单项型的发展理念；第二，不唯经济增长而增长，和谐发展理念由经济范畴和领域全方位扩展到社会的各个范畴和领域；第三，将不顾资源、环境和社会等约束的粗放式发展理念改变为将经济改革、政治改革和社会改革置于人与社会、人与自然和

---

① 张春阳、吕元礼：《新加坡人民行动党构建和谐社会的执政理念》，《中共中央党校学报》2007 年第 1 期，第 68~71 页。

② 胡少维：《和谐社会理念下调控政策的特点》，《金融与经济》2007 年第 4 期，第 4~6 页。

③ 王忠武：《论和谐社会建设的价值理念主导与价值目标追求》，《东南大学学报》（哲学社会科学版）2008 年第 2 期，第 9~12 页。

④ 蓝蔚：《论西部民族地区和谐社会构建的发展理念》，《青海民族研究》2008 年第 2 期，第 133~137 页。

谐发展的框架中的发展理念；第四，注重区域、城乡及人的和谐发展，特别是将人的发展作为和谐社会发展的一个重要发展理念。

二　当前社会发展中的不和谐因素

社会和谐是指各种矛盾和关系配合协调，相生相长。古希腊哲学家、数学家毕达哥拉斯认为，"和谐"不是没有矛盾，而是矛盾双方的"协合"或"和解"。在音乐、几何、雕塑、宇宙天体中都有和谐的范例，它们的数字比例就是黄金分割率 0.618：1，这个古老的原理也适用于社会。① 在现实生活中，发展的不和谐因素其实还有很多，当前的和谐发展理念也是源于改革开放 30 多年来的成功经验总结，但随着改革的深入，新问题、新矛盾也不断涌现，由此增加了社会不和谐因素。

李君如（2005）认为，当前社会最大的不和谐因素是收入差距问题和社会公平问题。② 王宗礼（2005）认为，收入差距的拉大和权利不平等相互叠加、相互加强，已经成了我国社会中的一个重要的不和谐因素。③ 而顾钰民（2008）认为，经济关系和谐是社会和谐的基础，而经济关系和谐的实质是社会利益关系和谐。因此，收入差距是最重要的社会关系不和谐因素。④ 吴海燕（2006）较为全面地总结了当前社会的各种不和谐因素：农民增收缓慢，城乡差距不断扩大引起的矛盾；精神文明建设相对滞后，治安环境较差引发的矛盾；土地承包、征地赔偿引发的矛盾；干部素质不高、作风不正引发的矛盾；社会事

---

① 张井：《和谐社会的真谛》，《南方日报》2005 年 3 月 9 日。
② 李君如：《和谐社会问题研究笔记八篇》，《中共中央党校学报》2005 年第 1 期，第 4～9 页。
③ 王宗礼：《收入差距、和谐社会与民主政治建设》，《甘肃社会科学》2005 年第 6 期，第 13～16 页。
④ 顾钰民：《社会主义市场经济与和谐社会建设》，《经济纵横》2008 年第 1 期，第 41～44 页。

业发展滞后，环境恶化引起的矛盾。[①] 陈永志、钟春洋（2006）也经过进一步总结，得出城乡差距、地区差距和居民收入差距的扩大是当下最主要的不和谐因素，并对产生不和谐因素的原因进行了探究，认为这一系列不和谐的因素是长期以来诸多矛盾累积的结果，重要原因在于制度安排的失衡。[②] 何荣山、刘培森（2011）的研究将当前不和谐因素总结为 3 点：分配不公凸显，城乡差距持续扩大；基本公共服务体系发展滞后；社会排斥与制度公平建设滞后。[③] 鱼俊清（2007）全方位考察了当前社会的不和谐因素，认为其特征表现为以下几方面：一是经济利益矛盾尖锐化，二是政治领域矛盾凸显化，三是思想领域矛盾多样化，四是民族宗教矛盾复杂化，五是样体性事件成为主要形式。[④] 张海波（2012）从生成逻辑上认为我国转型期收入差距拉大，阶层结构固化，制度结构开放度不够，政治体系不均衡，游民群体扩大才是社会不和谐最本质的因素。[⑤] 董怀军、李俊斌（2009）提出当前社会具体表现出来的就业问题、医疗卫生问题、教育公平问题、收入分配问题、社会保障问题构成了当前不和谐因素。[⑥] 青连斌（2012）把当前社会具体不和谐因素直接归结为民生问题突出，民众的不满情绪增加。[⑦] 李杰（2011）从区域经济协调发展角度出发，认为西部发

---

① 吴海燕：《正确处理农村社会矛盾与构建新农村和谐社会》，《求实》2006 年第 10 期，第 86 ~ 88 页。

② 陈永志、钟春洋：《三大差距与社会和谐》，《当代经济研究》2006 年第 5 期，第 48 ~ 51 页。

③ 何荣山、刘培森：《包容性增长：构建和谐社会的路径选择》，《学术交流》2011 年第 8 期，第 89 ~ 92 页。

④ 鱼俊清：《试论正确处理社会矛盾与构建社会主义和谐社会》，《理论导刊》2007 年第 12 期，第 70 ~ 72 页。

⑤ 张海波：《当前我国社会矛盾的总体特征、生成逻辑与化解之道》，《学海》2012 年第 1 期，第 76 ~ 81 页。

⑥ 董怀军、李俊斌：《和谐社会视角下的民生问题及对策思考》，《前沿》2009 年第 8 期，第 136 ~ 138 页。

⑦ 青连斌：《当前中国社会稳定的影响因素及其对策》，《科学社会主义》2012 年第 2 期，第 103 ~ 106 页。

展不和谐因素包括以下 4 点：经济利益矛盾是西部矛盾的集中表现，农村土地利益矛盾是西部最为突出的矛盾，民族宗教矛盾错综复杂是西部矛盾的显著特征，生态保护与资源开发的矛盾是西部矛盾的又一特点。①

对于构建和谐社会所面临的不和谐因素，何荣山、刘培森（2011）认为，既有发展不够的问题，也有共享性不足的问题，但归结起来都是增长方式和机会公平性问题。② 胡锦涛同志在省部级主要领导干部提高构建社会主义和谐社会能力专题研讨班上的讲话中指出："随着我国改革发展进入关键时期，我国社会存在的一些人民内部矛盾出现了多发多样的状况。这是我国社会深刻变革中难以完全避免的现象。关键是我们要正视矛盾，找到化解矛盾的正确途径和有效方法，形成妥善处理矛盾的体制机制，而不能让矛盾积累和发展起来，以致影响国家改革发展稳定的大局。"白津夫（2004）认为，构建社会主义和谐社会，体现了我国经济发展进入了一个非常关键的发展时期，当前经济社会所处的时期既是"黄金发展期"又是"矛盾凸显期"。构建和谐社会，就是针对我国改革仍处在攻坚阶段，发展正处于关键时期的特点，针对现阶段各方面利益关系非常复杂，引发经济波动、社会动荡的因素较多的难点，从战略的高度和长远发展的角度进行的科学谋划。③

三　和谐社会构建中的制度创新

在 30 多年改革发展历程中，我国政府围绕着和谐社会的构建而不

①　李杰：《影响西部社会和谐的主要矛盾及原因分析》，《西南民族大学学报》（人文社会科学版）2011 年第 11 期，第 104～108 页。

②　何荣山、刘培森：《包容性增长：构建和谐社会的路径选择》，《学术交流》2011 年第 8 期，第 89～92 页。

③　白津夫：《经济和谐与社会和谐》，《瞭望新闻周刊》2004 年第 47 期，第 14～15 页。

断推进制度创新，从突破约束发展的制度制约到解决发展中的不和谐因素，再到经济发展和社会发展的协调推进。

首先是特区的制度创新。经济特区无疑是中国从计划走向市场时期打开的一个制度创新窗口，其主要功能就是在计划经济体制中率先完成市场经济的实践，进而在全国范围内推进市场经济体制的建立。可以看出，30多年的改革实践，特区制度的创新意义不仅仅在于率先打开了改革开放的窗口，更重要的是其改革效应所带来的整个中国经济的飞速发展。经过30多年的探索，经济特区成功地完成了自己肩负的使命，其所探索、磨炼与锤打的各项改革性政策也逐渐扩散开来，极大地推动了国家的整体建设。但是，经过30多年的改革与发展，特区的原有改革效应加速递减，说明其制度创新功能正面临着调整，也是从突破传统体制约束到经济社会全面协调推进的制度创新转变。第一，改革迈进了"深水区"，各项改革正向更深层次的攻坚阶段挺进。改革已不可能只是以经济改革为主轴单兵推进，它已无法回避来自行政与社会领域所产生的复杂问题，必须对改革的利益关系、民生基础和政府结构进行重构和调整。从国内情况而言，以往缺乏系统性、注重经济增量的一系列单项式改革所引发的矛盾已经超越了经济范畴，扩展为大量的社会公共问题，这些社会压力构成了继续深化改革的新屏障。事实证明，改革越向深层推进，各方面、各领域的联动性就越强，而各方面改革能否协同配套推进，不仅制约着改革的进程，而且决定着改革的成效。一些深层次的问题亟待解决，新的问题又在不断涌现，各种矛盾相互交织，使得改革的难度大大增加，对经济体制改革的系统性和配套性提出了更高的要求。第二，从全球化竞争的角度看，一方面，传统增长模式以资源消耗、牺牲环境为代价的粗放式经济增长面临着可持续性发展问题，同时也造成了外界对中国发展模式的担忧；另一方面，经济的高速发展与社会发展的严重滞后，已经使得各种社会冲突和矛盾交织在一起。因此，推动中国的改革深化，在制度创新上寻找新的突破点，将经济改革、政治改革和社会改革置于人与社会、人与自然和谐发展的框架中，就成为最近一段时间内国家的重大任务和战略目标。

其次是启动实施国家综合配套改革试验区。综合改革试验区正是在这种特定的历史背景下应运而生，综合配套改革的实施和推进将结合具体区域的实践特点，对具有国家意义的重大改革开放措施将在一些地方政府层面进行先行试验，进而推进区域经济的整体发展。可以说，综合配套改革试验区将成为中国下一阶段深化改革开放的前沿阵地，将担负着探索建设和谐社会，创新区域发展模式，提升区域乃至国家竞争力的使命。

目前，国务院已经批准了上海浦东新区综合配套改革试点、天津滨海新区综合配套改革试验区、重庆市全国统筹城乡综合配套改革试验区、成都市全国统筹城乡综合配套改革试验区、武汉城市圈全国资源节约型和环境友好型社会建设综合配套改革试验区、长株潭城市群全国资源节约型和环境友好型社会建设综合配套改革试验区、深圳市综合配套改革试点、沈阳经济区国家新型工业化综合配套改革试验区、山西省国家资源型经济转型综合配套改革试验区和厦门市深化两岸交流合作综合配套改革试验区 10 个国家级综合配套改革试验区。2013年 4 月 3 日，中国国务院总理李克强主持召开了国务院常务会议，部署开展现代农业综合配套改革试验工作，会议确定黑龙江省先行开展现代农业综合配套改革试验工作。从总体上看，申请开展试点的地区都紧紧围绕解决制约本地区经济社会发展的矛盾和问题，力求进行体制改革和制度创新，进一步完善社会主义市场经济体制，为科学发展、和谐发展提供了强大的动力支持和体制机制保障，工作取得了积极进展。

国家综合配套改革试验区的核心在于先行先试权，是根据地方特点对涉及国家重大发展的领域与问题进行创造性的改革与破解。因此，各试点必须根据国家确定的重点改革领域和自身的目标定位，制订具有较强操作性和针对性的行动框架。从各地的情况看，改革的关键环节和突破点仍然可以归结在行政管理、经济增长、公共服务、社会管理和区域增长等领域。

浦东新区和滨海新区地处沿海地区，具有得天独厚的地理、商业和人才基础，这些地方的改革应着重探索新的经济增长方式，形成符合国际规则，融入全球市场的经济体系。通过沿海这 3 个地方的布局（加上深圳），长江三角洲、珠江三角洲和环渤海地区三大城市群进一步形成三足鼎立的态势，区域之间分工协作与互动发展的格局日益清晰；西部成渝地区比较强调建立完善市场机制，特别是解决城乡统筹发展的问题，将解决"三农"问题置于改革的优先序列；中部"两型社会"试验区则聚焦于资源能源节约和环境生态保护方面的机制创新，探索具有中国特色的内生型经济发展道路，促进中部崛起。

因此，综合配套改革试验区不同于经济特区，具有非常强的区域发展协调性和针对性，在制度创新的功能上更多体现为综合性、指向性和系统性。

第二章　新时期综合改革试验区的
区域布局与缩小区域
差距的制度创新

中国是一个发展中大国，各区域的资源禀赋、产业结构、技术特征、文化背景等都有着一定的差别性。中国区域间的发展不协调，既有历史性因素，又有现实性因素。经过 30 多年的改革开放，中国经济在快速增长的同时，区域间的差距和不协调也出现拉大的现象。因此，缩小地区差距，促进中西部地区与东部沿海地区的协调发展，是构建和谐社会的主要任务。

国家综合配套改革试验区的设立正是基于我国经济社会发展的新阶段，为促进地方经济社会发展而推出的一项制度创新。它是我国改革开放后继深圳等第一批经济特区后建立的第二批经济特区，即中国的"新特区"。

中国 30 多年改革开放的成功实践证明，从 1978 年开始的改革和局部试验到全面综合改革具有历史必然性，改革以点到线再到面，遵循了渐进式的改革路线，妥善处理了整体推进和局部突破、体制内改革和体制外改革的关系。传统的经济特区是建立在相对封闭及市场体制不健全的计划经济体制下，其基本的发展策略就是把政策优势和区位优势结合起来，从而实现了经济特区改革的成功。由此，深圳、珠海、汕头、厦门 4 个沿海经济特区成了国家对外开放的示范窗口。国家综合配套改革试验区的实施将结合具体区域的实践特点，地方政府可以局部先行试验一些具有全局意义的改革和开放措施，以此进一步深化改革开放，进一步解放和发展生产力，促进从区域经济发展到整个国家的经济发展。因此，综合配套改革试验区将成为下一步改革开放的主流，将担负摸索新时期"中国道路"的艰巨任务，对国家经济乃至社会的发展具有举足轻重的作用。但是，新时期的改革试验区不同于传统的经济特区，王家庭（2008）认为，国家综合配套改革试验区与以往的经济特区的先行先试性是一致的，不一致的是经济特区是自上而下的先行先试，而国家综合配套改革试验区拥有自下而上与自上而下相结合的先行先试权。① 这种先行先试实质就是一个制度创新的过程。日本著名经济学家青木昌彦认为，无效的制度安排导致经济发展要素与其制度基础"陷入"失衡状态，抑制甚至阻碍经济增长和发展的进程；有效的制度安排使经济发展要素及其制度基础处于均衡的匹配状态，能促进经济增长和发展。②

而李燕和张颖春（2009）认为这种改革模式（国家综合配套改革试验区）实质上是中央政府放权、地方政府响应而形成的利益诱导制度选择机制，类似于经济学领域的诱致性技术创新概念，因此可以将这一模式称为诱致性制度创新模式。③ 郝寿义（2006）认为，这种诱致性制度创新模式，即"国家综合配套改革试验区"的提出，符合中

① 王家庭、张换兆：《国家综合配套改革试验区与以往改革模式的异同点分析》，《中国科技论坛》2008 年第 5 期，第 98～101 页。
② 〔日〕青木昌彦：《什么是制度？我们如何理解制度？》，《经济社会体制比较》2006 年第 6 期，第 28～38 页。
③ 李燕、张颖春：《我国综合配套改革试验区建设的经验探索与启示》，《中国党政干部论坛》2009 年第 12 期，第 52～54 页。

国特色的渐进式改革之路，也是中国改革进入"攻坚阶段"的必然结果。①

一　国家综合配套改革试验区的设立概况

综观 30 多年的改革开放历程，无论是整个国家经济还是地方经济都得到了空前的增长，但城乡区域差距扩大、资源破坏与浪费、环境污染与生态恶化等问题也更加突出，已对中国整体进一步发展产生了严重的不良影响，一些制约经济社会发展的深层次矛盾和体制障碍仍然存在，改革开放的目标仍未完成，改革进程仍处于攻坚阶段。随着改革的深化，必然伴随着复杂性、艰巨性、风险性的加大，改革的配套性、综合性要求日益明显，特别是科学发展观和构建和谐社会战略思想的提出，都要求建立与之相适应的改革发展模式。

在此背景下，我国开始了城市综合配套改革试点，即 2005 年以来的"国家综合配套改革试验区"的设置与试验。2005 年 6 月 27 日，国务院正式批准上海浦东新区进行综合配套改革试点，浦东成为我国新时期第一个综合配套改革试验区；2013 年 5 月 26 日，国家又发布了《关于推进天津滨海新区开发开放有关问题的意见》，天津滨海新区也正式成为全国综合配套改革试验区。目前，两个综合配套改革试验区已正式成立，它们将共同承担起新时期我国综合配套改革试点光荣而艰巨的任务。

（一）国家综合配套改革试验区的历史溯源及现实背景

从改革的起始到改革的深化阶段，可以发现，中国选择了一条独具特色的"经济特区—沿海开放城市—沿海经济开发区—沿江、沿边和内地"的渐进式对外开放路径。20 世纪 80 年代初期，我国开始实

---

① 郝寿义、高进田：《试析国家综合配套改革试验区》，《开放导报》2006 年第 2 期，第 25~28 页。

施"沿海发展战略",充分利用沿海地区的优势,面向国际市场,参与国际交换和国际竞争,大力发展开放型经济,并陆续设立了深圳、珠海、汕头、厦门 4 个经济特区以及 14 个沿海开放港口城市和沿海经济开发区,1988 年又设立了海南经济特区,在经济特区内强调"特殊政策、灵活措施"。1992 年,我国确定建立社会主义市场经济的体制改革目标模式,中央政府开始重视区域协调发展,从此开始了由"沿海发展战略"向"区域协调发展战略"的战略转型。

经过 30 多年的探索,经济特区成了中国对外开放的示范窗口,从初步形成的多层次、宽领域的对外开放格局到改革探索取得了显著的成效,从局部经济发展到整体经济腾飞推进。但是,目前改革已进入深水区,传统的"摸着石头过河"的改革思维受到很大的局限和制约。因此,改革面临"新的突破",改革要向更艰难的领域推进。同时,改革不是单元的,而应该是多元的。此外,改革的推进已无法回避来自其他各个领域的不和谐因素,因为这些不和谐因素已经阻碍了生产力的进一步发展。

当前,中国经济发展已基本实现由高度集中的计划经济体制向社会主义市场经济体制的根本性转变,开始进入社会主义市场经济体制加快完善的阶段,特别是"十一五"期间,改革发展的主要任务是要使关系到经济社会发展全局的重大体制改革取得"突破性进展"。但在新形势下,过去改革的思路已表现出明显的局限性,并且极大地束缚了新时期经济社会的发展。因此,国家提出综合配套改革试验区的思路,正是应对新阶段各种挑战并符合未来改革推进方向的举措。

在我国改革的攻坚阶段,启动综合配合改革试验区的目标是为全国改革探路提供经验。从这个意义上说,国家综合配套改革试验区是社会主义市场经济发展到特定历史阶段的必然要求。如果说在改革开放的起步和深化阶段,这些开发的城市、地区、地带作为开放先行区,很好地完成了促进开放、引领经济的历史任务,那么在新的历史时期,这些被批准为国家综合配套改革试验区的城市、地区将被赋予新的历史使命，其主导功能将实现从开放示范引领到综合改革示范引领的根本性转变。

（二）试验区的内涵与特征

目前，我国对于"国家综合配套改革试验区"还没有一个明确的概念。但是从总体上看，至少可以从3个角度理解国家综合配套改革试验区。第一，"国家层面"，指综合配套改革试点要对全国的区域经济发展起到"带动和示范"作用；第二，"综合配套改革层面"，指改革不再是若干分散的单项改革，而是综合配套改革，是一项系统性的工程，需要处理好方方面面的交互关系，以期实现多层面、立体式协调发展；第三，"试验区层面"，指综合配套改革的"先试、先行"，特定的经济区在社会经济与生活的各方面进行改革试验，着眼于"制度创新"，以"立"为主，以全面制度体制创新的方式推进改革。

1. 国家综合配套改革试验区的内涵

"国家综合配套改革试验区"的含义是："顺应经济全球化与区域经济一体化趋势和完善社会主义市场经济体系内在要求，在科学发展观指导下，国家所建立的以制度创新为主要动力，以全方位改革试点为主要特征，对全国社会经济发展带来深远影响的实验区。"根据这个定义，国家综合配套改革试验区应该包括以下几方面的具体内涵。

第一，国家综合配套改革试验区是改革不断深化的体现。中国的改革进入攻坚阶段后，不再停留在农村、城市的分割改革上，也不再仅仅是经济体制改革，而是全方位、立体式的改革。国家综合配套改革试验区的提出，其出发点在于深化改革，其重点内容构成了进一步改革的方向。

第二，国家综合配套改革试验区符合我国进一步扩大开放的现实要求。国家综合配套改革试点的一个标尺，就是借鉴和吸收发达国家的现有良好经验。发达国家经历了那么多年的发展，形成了较为完善的市场经济体制和法制等制度。我们的综合配套改革需要在保持特色的基础上，积极借鉴他国经验，寻求与世界经济体系的对接，以便更好地从全球化浪潮中获益。因此，我们不能以表面上的中国"特色"为理由来拒绝世界其他国家的经验和知识。

第三，国家综合配套改革试点是一个试验的过程。国家综合配套改革试验区作为社会经济活动改革的实验区，是采取各种改革开放措施以及实施政治、经济、社会等方面新举措的试验场，"试验"是其最显著的特点，应该在全国率先试点各种新型改革措施和现代化模式。在完成试验的基础上，进而将相应的制度创新逐渐向全国相关地区推广、实施。当然，试验就允许有失败，失败的经验、教训也将作为相关的成果进行积累和总结。

第四，国家综合配套改革试验区的发展历程将是一个制度变迁、制度创新的过程。这种制度创新体系需要围绕 3 个方面着力打造。其一，在市场结构方面，要构建清晰产权并促进要素的优化配置，完善社会主义市场经济；其二，在行为主体方面，要培育制度创新主体，发挥地方政府、中介组织等在区域社会经济发展中的推动作用；其三，在文化和意识形态方面，弘扬积极进取、互帮互助等精神，促进社会的和谐发展。

第五，国家综合配套改革试验区的发展是一个"一线多面"的改革历程。综合配套改革的试点是一个全面的制度创新过程，而不是单一的经济体制改革。制度不同于体制，体制多指系统，而制度强调的是关系。国家综合配套改革试验是一个整体制度创新的过程，是社会经济生活各种关系的重塑。所谓的"一线"指的是"经济发展的主线"，发展是硬道理，改革要为发展服务；"多面"是指围绕经济发展这一主线的社会层面、民主政治层面、环境保护层面等。综合配套改革是一个多层面、立体式的关系重塑。

2. 国家综合配套改革试验区的特征

综合配套改革试验区与经济特区之间存在着继承性与并存性的关系。综合配套改革试验区和 20 世纪 80 年代就已建立的经济特区相比较，既有共同点，也有明显的差别。其共同点就是都是为了通过深化改革，促进计划经济体制向社会主义市场经济体制转变，通过改革来创新是综合配套改革试验区与经济特区的基本属性。但是，国家综合配套改革试验区与之前的经济开发区、经济特区又存在明显的区别，也不同于农村综合改革试验区，除了具有上述特殊的内涵，还具有其相应的特征。主要表现为以下几个方面。

第一，改革的广度不同。以往的改革试点主要是以经济体制变革为主导，围绕建立和完善社会主义市场经济体制，进行有限度的革新；而国家综合配套改革试点将涉及社会经济生活的方方面面，包括经济体制、政策体制、文化生活、社会和谐、生态环境等方方面面，可以说是国家（或区域）现代化的缩影。

第二，改革开放的深度不同。随着改革进入"攻坚阶段"，国家综合配套改革试点将在深层次展开，将会触及一些体制内核问题，可能会是一些经济、政治、社会、法制等制度的再造过程，甚至有些地区可能因此而重塑社会经济文化氛围、价值理念。

第三，改革开放的路径不同。以往的改革试点可以将其视为"政策优惠牵引，开放搞活拉动"的初级循环，它过分依赖政策的势能差和开放的时间差，是一种"外来型"的发展模式；其成功的发展大都是依赖资源和要素短期内向其高度聚集的结果，是一种相对剥夺其他区域发展机会的成长模式。综合配套改革试验区的发展则是强调"内源式"的现代化模式，它不依赖于特殊的优惠政策，而是侧重于自主创新的历程；"先试权"的提出、实践都以区域自身的制度创新为依托，以不侵蚀其他区域，进而带动和影响其他地区的发展为根本。

第四，改革开放的机制不同。经济特区在其发展的一定阶段，主要是借助外部力量来发展自己，最直接的就是吸引外商投资，这种投资分为横向 FDI（外商直接投资）和纵向 FDI，二者在一定程度上都促进了经济特区的快速发展；而综合配套改革试验区主要依靠内部体制、机制的创新，或者说，主要依靠内部的力量来发展自己。与其相联系，从区位布局的角度来看，经济特区区位布局主要考虑沿海地区的交通便利程度，而区位因素对综合配套改革试验区的布局就没有那么多的严格限制。

二 国家综合配套改革试验区的布局分析

经济制度就是内在规定经济活动的激励水平与交易成本的规则体系。制度创新就是为了提高对经济活动的激励水平以及降低交易成本而进行的规则体系的调整与变迁。从经济学的角度看，制度创新就是生产关系的变革，是生产关系一定要适应生产力发展的必然要求。李罗力（2006）强调制度创新的困难在于不能打破而只能通过改造旧上层建筑体制来建立新经济体制，因而经常会遇到新经济体制与旧上层建筑的矛盾，使得我们的路径选择和改革举措更为艰难，许多改革措施的出台会与原有的上层建筑发生矛盾和冲突，会遇到来自其某个方面的抵制和障碍。[①] 王家庭和张换兆（2008）认为，传统改革模式的制度创新是针对计划经济到市场经济体制的转变。而国家综合配套改革试验区是在我国已经基本建立社会主义市场经济体制的基础上推行的，为适应当前生产力的发展要求，进一步深化改革、扩大开放，贯彻落实科学发展观、构建和谐社会理念，促进经济、社会、政治、文化等和谐发展，促进人与自然和谐发展，就要求政府对当前不适应生产力发展要求的深层次制度问题进行改革。但是，由于我国现阶段正

---

① 李罗力：《对我国综合配套改革试验区的若干思考》，《开放导报》2006 年第 5 期，第 8～11 页。

处于转型时期，而且地域广大，从全国范围内进行一刀切式的改革，风险较大，因此需要有重点地突破。① 李春洋（2007）研究指出，综合配套改革试验区的目的之一就是谋求在全国形成一批新的区域创新增长极，带动地区政治、经济、文化和社会事业的快速发展。②

增长极理论认为，在区域经济发展的不同阶段，极化效应和扩散效应的作用强度是不同的。极化效应为主的阶段主要分布在初级阶段，当其发展至主导地位时，极化效应推动区域经济从非平衡、非协调发展向平衡、协调发展。空间结构理论认为，区域经济发展遵循由点到线再到面的动态发展机制，区域空间结构是制定区域发展战略的重要依据。该理论指出，区域经济发展的非协调、非平衡性是在所难免的，世界上任何一个区域或者地区的发展都是从一个点开始的，然后连接成线状发展，这些不同点之间的发展相互作用及空间上的经济联系会形成错综复杂的线状网络结构，这些网络结构经纬交织，最终形成经济网络面。

同时，区域经济发展的阶段性决定了区域经济空间结构的阶段性。在不同的区域经济发展阶段，肯定伴随着不同的区域空间结构的出现。如果某一区域经济发展正处于离散均衡发展阶段，那么，相应的区域经济发展战略应采取增长极模式与分散地域一体化相结合的战略；如果某一区域经济发展正处于单核极化发展阶段，那么则应采取点轴开发模式；如果某一区域经济发展正处于多核扩散阶段，那么，可采取网络开发模式与均衡功能空间模式相结合的方式；如果某一区域经济发展正处于均衡网络化发展阶段，那么，新的不均衡发展模式就显得迫切需要了，以便使区域空间结构更好地由非均衡、非协调向均衡、

---

① 王家庭、张换兆：《国家综合配套改革试验区与以往改革模式的异同点分析》，《中国科技论坛》2008 年第 5 期，第 98 ~ 101 页。

② 李春洋：《中部地区建设国家综合配套改革试验区的战略意义》，《开放导报》2007 年第 2 期，第 17 ~ 20 页。

协调阶段发展。

区域创新理论认为，区域创新的核心政府（一般指地方政府）能够为参与区域经济发展建设的企业在制度上提供良好的创新氛围和环境，能够鼓励区域内有创新能力的企业参与创新，这种创新从制度上来说应该具有普遍性、持续性、高效率性等特点，真正推动区域内经济和产业结构的优化及调整，提高区域经济核心竞争力，促进区域经济发展。可以看出，国家综合改革试验区的理论基础在于如何协调不同利益主体之间的利益分配问题。具体而言，即在不同层次制度约束条件下如何实现社会福利最大化的问题，无论在市场机制条件下，还是在社会制度安排下，形成市场和社会两个制度层级对消费者效用函数。因此，新时期的综合改革试验区布局的宗旨是要改变多年形成的单纯强调经济增长的发展观，要从经济发展、社会发展、城乡统筹发展、区域统筹发展和生态保护等多个领域推进改革，同时兼顾各个区域自身的资源禀赋差异和客观条件，从而形成相互配置的管理体制和运行机制。

因此，国家可以选择一些符合条件的地区开展综合配套改革试点，因地制宜，以试点地区为载体，一方面解决如何改革的问题，另一方面解决如何发展的问题，把渐进式改革的难题与因地制宜结合起来，实现重点突破和局部创新，再到各个击破和全面推广，率先建立起完善的社会主义市场经济体制，为全国其他地区的综合改革起示范作用。同时，国家可以把改革风险和试错成本控制在一定区域之内，平稳、有序地推进改革进程，即达到以点带面的效果。

在国家综合配套改革试验区里，改革开放的先导区和重点推进区是位于东部沿海的上海浦东新区、天津滨海新区和深圳。其中，浦东新区立足上海，依托"长三角"经济带；滨海新区依托环渤海、京津冀城市圈，拥有天津港和天津经济技术开发区的区位优势，发展空间广阔。在新时期，选择上海浦东新区与天津滨海新区作为综合配套改革试验区，不仅具有深化体制改革，破除发展障碍，平衡南北发展矛盾等重要意义，还体现了拓展改革发展空间，兼顾区域发展阶段性特征的要求。

成都和重庆被批准为统筹城乡发展的综合配套改革试验区，显示我国政府积极谋求西部开发空间的扩展。又由于二者紧密的经济联系，经济的相似度高，因而同时在两市进行试点，将显著地增强西部改革开发的力度，可以预见，其对整个西部经济发展的辐射带动作用也将明显增强。

以武汉为中心形成的武汉城市圈综合配套改革试验区，涵盖了黄石、孝感、鄂州、黄冈、咸宁、仙桃、潜江、天门等周边100公里范围内的8个城市，组成了"1＋8"区域经济联合体；此外，还有以长沙、株洲和湘潭三市所辖的行政区域为主体形成的长株潭城市群综合配套改革试验区。这两个城市群综合配套改革试验区的同时设立，表明了中部地区的发展得到了国家层面的支持，同时也体现了国家以此谋求解决社会不和谐因素等诸多深层次问题的新办法、新思路。

深圳市综合配套改革试验区东起大鹏湾背仔角，西连珠江口之安乐村，南与香港新界接壤，是中国主要进出口岸之一。2009年，在中央政府的支持下，深圳市综合配套改革试验区的范围扩大至全市，涵盖了原属关外的宝安区、龙岗区和光明新区，将原总面积395平方公里的深圳特区扩容为1948平方公里。如果仅从地域面积上看，深圳特区面积已经成为香港特区的两倍。

在国家发改委的授权和正式批复下，国家新型工业化综合配套改革试验区成立。它由全国城市化水平最高的地区之一、全国综合交通运输体系最发达的地区之一及全国建立最早、规模最六、门类齐全、配套完整的重要装备制造业和原材料基地沈阳及鞍山、抚顺、本溪、营口、阜新、辽阳、铁岭8个城市组成。

　　浦东新区、滨海新区和深圳地处沿海地区，区位优势得天独厚，国家通过沿海地区的配套改革试验区布局，将"长三角""珠三角"与环渤海打造成更为清晰的区域分工协作与互动发展的格局；西部成渝经济区将通过配套试验改革建立完善的市场机制，为解决城乡统筹发展问题摸索思路；中部的"两型社会"建设试验区则聚焦于资源节约和环境保护，积极谋求经济内生性增长的道路；东北沈阳经济区以新型工业化配套改革为目标，积极推进区域发展模式、企业重组、金融创新等方面的体制创新。

　　通过以上的分析描述可以看出，国家在选定综合改革试验区的过程中，充分考虑到了东、中、西部的协调发展。由于具体的历史条件不一样，只有结合地区资源禀赋的差异性，才能达到经济的增长效应，又缩小区域差距。吕晓刚（2003）通过研究指出，在区域经济增长过程中，路径依赖的不同致使制度创新的绩效呈现较大的地区差距。[①] 制度创新的路径不同，而制度创新对地区经济的影响就不同，制度创新路径就是建立综合配套改革试验区。严汉平（2008）指出，建立国家综合配套改革试验区，寻找改革的突破口是其主要目的，就是先点到线再到面，由局部到整体，把成功的经验逐步推广到全国，从而体现了共同发展的目标。[②] 新时期的改革试验区充分考虑到了地区资源禀赋的差异，兼顾了东、中、西的区域布局，符合经济发展规律。

　　目前，我国已经形成了以"长三角""珠三角"环渤海地区为核心的三大经济圈，它们是拉动其区域经济发展的重要"增长极"。三大经济圈都处于东部沿海地区，与中西部之间尚未形成一个完整

---

① 吕晓刚：《制度创新、路径依赖与区域经济增长》，《复旦学报》（社会科学版）2003年第6期，第26～31页。

② 严汉平、郭海阳：《国家综合配套改革试验区发展模式选择》，《经济学家》2008年第4期，第124～126页。

的有利于产业梯度传递和辐射的中间地带和等级系统，东部增长极对广大中西部地区的经济辐射和带动作用并不强。促进区域协调发展，缩小区域差距，是我党近年来提出的重大任务。在我国中西部地区培育新的"增长极"，利用其特殊地理优势和示范辐射效应的发挥来推动整个中西部地区的发展，这将是实现国家经济战略空间布局，平衡和缩小东西部区域差距的有效措施。以成渝经济区为例，成渝经济区以重庆、成都两大城市为极核，在我国宏观经济布局中具有承东启西的关键作用。成渝经济区设立统筹城乡综合配套改革试验区，可以成为国家加快西部发展、推动区域之间协调平衡发展的重要战略支点，这有助于将成渝经济区建设成为我国的第四大经济"增长极"，并加快西部大开发的发展步伐。

三　经济增长与缩小区域差距

早在 18 世纪，西方经济学之父亚当·斯密就充分认识到制度在经济增长中的作用，他曾经写道："除了和平、低税负和过得去的执法，使一国从最原始的状态发展到最富裕的状态几乎不需要其他东西，所有其他条件都来自事物的自然过程。"这里，亚当·斯密所指的"和平、低税负和过得去的执法"就是经济发展中的制度因素。

李玉虹和马勇（2001）指出国家或企业要获得持续发展，必须同时进行技术创新和制度创新，单有技术创新，会出现"闭锁效应"；单有制度创新，则会成为"无米之炊"。[1] 叶民强和吴承业（2001）对区域可持续发展的技术创新与制度创新机制进行了研究。[2] 赵放（2002）论述了技术和制度在经济增长中的关系，认为二者之间存在

---

[1] 李玉虹、马勇：《技术创新与制度创新互动关系的理论探源——马克思主义经济学与新制度经济学的比较》，《经济科学》2001 年第 1 期，第 87～93 页。

[2] 叶民强、吴承业：《区域可持续发展的技术创新与制度创新机制研究》，《数量经济技术经济研究》2001 年第 3 期，第 33～361 页。

互动关系。① 杨迎昕（2002）研究了技术创新中的制度激励，其着力点在于制度对技术创新的激励作用。吕晓刚（2003）指出，制度创新是经济生活中内生变量的核心，经济生活中的一切创新，都要依赖制度创新予以保证和推动。制度创新是区域经济增长的关键因素，是后发地区赶超先发地区的前提条件和原动力，后发地区可以通过合理、有效的制度创新，利用后发优势，促进区域经济增长。② 孙伟（2009）认为，在创新过程中，人们往往对技术创新给予很高关注，而忽视制度创新的极端重要性。③

众所周知，经济特区改革遵循了西方经济学中"帕累托改进"的内涵，经济特区在资源重置中所获得的新的收益不是以伤害其他利益为基础和出发点的，最终的结果也是大部分人受益，几乎也没有利益群体在这一轮改革中利益受损，因此，经济特区模式符合改革初期渐进式改革的要求，因而经济特区模式的改革在改革初期进展顺利并取得了一定的成果。但是，如果在改革的新阶段仍然停留在特区改革的模式和思维下，不能把改革推向纵深，不能与时俱进，仍然停留在某个历史阶段，那么，制度创新就无从谈起。

综合上述的各种研究可以看出，目前的研究文献大多没有单独把制度创新作为一个独立要素，详细阐述制度创新对经济发展的作用。

1968 年，诺斯发表了《1600～1850 年海洋运输生产率变化的原因》一文，文中得出了开拓性的结论："一个效率较高的制度，即使没有先进的设备或技术，也可以刺激劳动者创造出更多的财富；但是，

---

① 赵放：《论技术和制度在经济增长中的关系》，《吉林大学社会科学学报》2002 年第 6 期，第 20～261 页。

② 吕晓刚：《制度创新、路径依赖与区域经济增长》，《复旦学报》（社会科学版）2003 年第 6 期，第 26～31 页。

③ 孙伟、高建、张帏等：《产学研合作模式的制度创新：综合创新体》，《科研管理》2009 年第 5 期，第 69～75 页。

再先进的设备和技术，如果存在于低效的制度环境中，也同样无法高效率地贡献于经济增长。"速水佑次郎（2005）指出，发展中国家的一个重大挑战是弄清楚如何加强实现制度创新的社会能力，在并不是太长的时间跨度内，即在低收入国家的人民真正掌握自己的命运之前，这种制度创新对发掘技术引进的巨大潜力是至关重要的。[①] 吴敬琏在《制度重于技术》一书中指出："目前中国市场制度的建立还远未完成，在这样的条件下，信息化又摆到了我们的面前，信息化意味着更大程度的社会变迁，因而制度和文化因素发挥的作用必定远远大于技术的作用。"[②] 李晓伟（2009）认为，当前制度创新滞后正在成为我国创新系统矛盾运动的主要方面，我们急需摒弃传统的只重视技术创新而忽视制度创新的不良思想倾向。[③]

根据以上分析，可以认为制度创新在某种程度上要比技术创新更重要，特别是在一个国家正处于发展转型期间。薛宏雨（2004）构建了包含制度要素在内的经济增长模型，考察了1978～2002年中国经济增长与制度之间的关系，定量测算了制度在经济增长中的作用，在定量方面验证了制度创新在经济增长过程中的重要性。通过计算得到，在1979～2002年，资本平均贡献率为53.2%，制度平均贡献率为26.3%，劳动平均贡献率为13%，知识平均贡献率为20%。[④]

在当前的中国，制度创新对促进经济增长和缩小地区差距有明显效应。

在哈罗德—多马增长模型中，储蓄率和资本积累是决定经济增长

---

① 〔日〕速水佑次郎：《发展经济学：从贫困到富裕》，社会科学文献出版社，2005。
② 吴敬琏：《制度重于技术》，中国发展出版社，2002。
③ 李晓伟：《技术创新与制度创新的互动规律及其对我国建设创新型国家的启示》，《科技进步与对策》2009 年第 17 期，第 1～4 页。
④ 薛宏雨：《制度创新在经济增长中作用的测算》，《财经问题研究》2004 年第 9 期，第 3～8 页。

的唯一重要因素，储蓄率越高，增长率就越高。在索洛的新古典经济增长模型中，在向稳态过渡时期，决定一国经济增长率高低的是储蓄率的高低。发展经济学家刘易斯在二元经济发展模型中也把投资和资本积累看作促进劳动力转移和工业化的主要推动因素。美国经济史学家罗斯托在经济增长阶段论中把资本积累看作经济起飞的 3 个重要前提条件的首要条件。技术进步导致人均产出的持续增长，与此相对，在经济达到稳定状态之前，高储蓄率的唯一决定因素是资本积累率，资本积累率越高，经济增长就越快。一旦经济处于稳定状态，人均产出的增长率就只取决于技术进步的速率。① 根据索洛模型，只有技术进步才能解释经济的持续增长和生活水平的持续上升。

诺斯（1968）的研究也指出，即使在没有技术创新的条件下，制度创新也能激发经济发展的动力。李晓伟（2009）认为，制度创新应该是当前的主要矛盾，换句话说，当前的生产关系已不适应生产力的发展，生产力发展在前，生产关系落后了。很多研究生活水平差异的经济学家把出现差距的大部分原因归结为物质和人力资本的投入差别，部分归结为使用这些投入的生产率。他们认为，导致各国生产效率水平不同的一个原因是指导稀缺资源配置的制度不同，因而创建适当的制度在保证资源配置的最佳用途上是至关重要的。②

四　综合配套改革试验区是缩小区域差距的制度创新

郝寿义（2006）指出，国家综合配套改革试验区的发展历程将是一个制度变迁的过程。这种制度创新体系需要在 3 个方面着力打造：在市场结构方面，要清晰产权，促进要素的优化配置，完善社会主义市场经济；在行为主体方面，要培育制度创新主体，发挥地方政府、

---

① 郭熙保编著《发展经济学》，高等教育出版社，2011。
② 曼昆：《宏观经济学》，中国人民大学出版社，2005。

中介组织等在区域社会经济发展中的推动作用；在文化和意识形态方面，要弘扬积极进取、互帮互助等精神，促进社会的和谐发展。[①] 从总体上看，综合配套改革试验区在推动区域协调发展上有以下几个方面的创新。

（一）区域协调发展的政策工具创新：从粗放型转向精细化

所谓区域政策工具，其实就是"治理工具"，是政府为了实现区域政策目标而使用的一系列政策、手段、方式等。它连接了政策目标与政策结果，起到了媒介作用。区域协调发展也会面临共同的公共问题，特别是我国目前的区域协调与发展问题，就需要一整套完备的精细化的区域政策工具作为政策和制度保障。简单而粗放的传统政策工具难以应对区域公共问题的多样化治理诉求。

欧洲联盟的区域协调政策工具值得我们借鉴。欧盟将法律、经济、行政等多种手段结合在一起，形成多管齐下的强有力的精细化区域协调手段。反观我国的区域协调政策，不仅法律基础薄弱，而且经济和行政工具亟待完善，简单粗放的政策工具较多。如果从唯物史观的角度具体问题具体分析的话，与其他国家相比，我国的区域协调政策也呈现出自己的特点。市场在资源配置中应起基础性的作用，但在计划经济体制下并没有发挥应有的作用，因此，行政命令成了处理复杂社会公共问题的习惯性手段。我国的区域经济发展战略也在中央政府的重视下一直在调整，目的就是寻求合理、有效的区域发展政策，但实施的效果并不是很理想，离既定的目标还很远，原因可以归结为区域政策工具比较简单、粗放。在我们的区域政策中，扶贫政策相对其他政策来说是比较精细的政策工具，其他政策就比较简单、粗放了。就区域经济协调的政策手段或政策工具而言，欧盟那种结构基金、聚合

---

① 　郝寿义、高进田：《试析国家综合配套改革试验区》，《开放导报》2006 年第 2 期，第 25 ~ 28 页。

基金、团结基金等设计精细的类似政策工具在我国是缺乏甚至是没有的，有的只是一些扶贫资金、支农资金和西部开发转移资金等。通常情况下，由于政策瞄准对象不到位、不具体，导致大笔资金的投入不能发挥应有的作用。更为严重的是，由于区域发展基金的筹集缺乏制度保障，区域援助的通用规则不健全，没有严格的项目报批流程和科学合理的决策程序，特别是项目报批流程尚未透明化，导致有时会出现区域发展项目审批的随意性，扶持资金的层层剥皮、层层截留等现象，使得我国区域协调发展的行政手段不规范。

因此，由于缺乏灵活多样的政策工具，再加上经济和行政手段的不完善，又因为政策实施对象的宽泛化，缺乏因地制宜的针对化，使得区域内部的差异性和特殊性并没有得到充分的考量。虽然这些公共政策创造了区域发展机会，指导了区域发展方向，协调了区域政府间关系，但对解决各区域内部复杂而具体的微观社会问题的作用并没有体现出来。另外，由于缺少必要的政策工具组合体系，不同区域政策之间的衔接性和协调性不强，政府在执行区域政策时选择的一系列鼓励或限制措施（激励性政策或抑制性政策）也没有发挥应有的作用。有时由于相关的配套措施没有跟上，或者与其相矛盾的其他政策措施同时存在，在局部地域和领域会出现"政策相互打架"等现象，从而使区域政策在实际运行中与预期目标相差甚远。因此，从欧盟区域协调发展的经验来看，综合考虑各地区位条件、资源禀赋和经济社会发展水平等各方面因素，为了区域政策工具的完善，就必须建立起一套规范化、法治化、民主化的激励工具、协调工具、监督工具和评价工具，构建双向度、多元化的区域政策工具体系，构建与社会主义市场经济体制相适应的区域政策工具框架，实现区域政策工具从粗放型管理走向精细化综合治理。

（二）区域协调发展的增长方式转变：从增量转型到总量转型

随着生产力不断的发展，区域分工和合作的不断深化，区域生产力布局得到了极大改善，促进了以城市群、都市圈为特色的区域模块的加速推进和快速发展。在优越的自然环境和交通条件上形成的城市群、都市圈，能够保证经济活动以集中化和规模化的方式运行，使矿产资源、水土资源以及城市空间资源集约利用程度不断提高，集聚经济效益将会不断显现。因而，一系列规模不等的城市群的形成将是我国区域经济发展的新趋势及未来努力发展的新航标。

随着城市群、都市圈的不断推进，在经济转型方面，国家面临城乡统筹、行政体制、区域统筹、"两型社会"建设、产业结构调整等问题，综合配套改革试验区在这样的历史背景下产生，力求实现重点突破。2005年以来，国务院相继批准了浦东新区、滨海新区、成渝、武汉、长株潭城市群、深圳、沈阳经济区等国家级综合配套改革试验区，这些综合配套改革试验区担负了为全国深化体制改革提供新鲜经验和思路的历史使命。

纵观改革开放以来的经济转型历程，可以发现其与区域推进存在着一定的共生性。第一，从经济体制转型的角度看，中国经济在现有的历史条件下，如何实现转型及达到什么样的预期目标，在理论和实践上并没有现成的答案，即经济体制转型的路径选择和预期目标并不明确，这就导致在区域发展政策上的目标制定与日趋完善的区域政策路径选择将趋于一致。第二，从区域发展的角度看，无论是改革开放初期的"经济特区—沿海开放城市—沿海经济开发区—沿江经济区—内地中心城市—铁路公路交通沿线和沿边地带"的区域开发格局，还是目前国家综合配套改革试验区的推进，都遵循了"特定区域优先"和"先行先试"的原则。从中可以看出：中国经济转型过程中的制度变迁是与区域推进结合在一起的，两者是同一过程的两种现象，都遵循渐进式改革的原则。

从上述回顾中还可以看出，从经济特区到综合配套改革试验区，以经济增长为主的国家发展主题正在悄悄地向经济社会协调发展的国家主题转变，"增量转型战略"所决定的"单项改革"将逐渐由改革的主角变为配角；而以"渐进式的总量转型战略"为特征的"整体设计与推进"，将逐步由"试点—推广"过渡到改革的主角位置，而始于 2005 年的国家综合配套改革试验区正是这一历史角色转变的最好说明。这些试验区的改革主题包括城乡统筹、政府职能转变、国际接轨、"两型社会"建设、新型工业化等，如果从"激进式"改革和"渐进式"改革对比的环境中来看待这些主题，我们可以总结出中国经济体制转型改革的贡献主要体现在以下 4 个方面。

首先，从经济特区到综合配套改革试验区，我们可以领略到从"增量转型战略"到"渐进式的总量转型战略"的转变。在已有的研究中，转型速度似乎被放在了很重要的位置，而经济体制转型过程中的深层次问题却被忽略了。如果从更深层次来看，"激进式"在经济转型设计中以"内在一致性"为主要目标，重视制度设计的系统性，即"激进式"试图以明确目标的转型来解决问题。但是，"渐进式"改革的目标并不明确，只有一些基本原则，力图在"试错"的过程中，一面完善目标，一面不断向目标趋同，其特征是目标的日臻完善和路径的日益跟进。

其次，中国经济体制转型的改革表明，经济体制的转型必须因地制宜，结合实际情况，尊重具体的历史环境。建立在自由化、私有制基础上的制度体系，尽管被新古典主义证明是完美的，但是脱离每个国家（或地区）具体的历史制度迁移则不可能成功。苏联、东欧及拉丁美洲遵循"华盛顿共识"而进行的一系列改革可以作为国家层面的佐证。

再次，中国经济体制转型可以为发展中国家的发展提供一个不同的模式选择。在俄罗斯转型的过程中，改革初期忽视了政府的宏观调控（尽管后期政府已经掌控了经济的主动权）作用，也忽视了制度迁移的刚性，即在原有制度向新制度转变的过程中，未曾考虑好制度迁移给民众带来不适应这一过程。而中国在转型的过程中，恰恰抓住了这一点。一方面，在经济转型中，强调制度的柔性，如价格双轨制、乡镇企业等；另一方面，又尊重各地制度禀赋的不同，结合当地优势，从实际出发探索发展模式，如苏南模式、温州模式。

最后，衡量经济转型的成功与否，经济增长是一个重要的衡量指标。因此，协调发展应该是今后一段时期及未来更为核心和深层次的问题。对经济特区和综合配套改革试验区进行对比后，可以得出结论，区域经济增长的重要性具有阶段性，即发展的动态性，在发展到一定阶段时，它会让渡于区域协调，以降低或者消除区域增长失衡对区域的非积极影响。对此，在政策取向上就产生了以下内容：扶持中西部地区优势产业项目，鼓励东部地区带动中西部地区发展，扩大发达地区对欠发达地区和民族地区的对口援助，等等。

（三）区域协调发展的体制创新：从单项突破到整体设计与推进

总结中国 30 多年改革开放的历史可以看出，从 1978 年开始的改革和局部试验到全面综合改革具有历史必然性，改革以点到线再到面，遵循了渐进式的改革路线，妥善处理了整体推进和局部突破、体制内改革和体制外改革的关系。可以说，经济特区改革遵循了西方经济学当中"帕累托改进"的内涵，经济特区在资源重置中所获得的新的收益不是以伤害其他利益为基础和出发点的，最终的结果也是大部分人受益，几乎也没有利益群体在这一轮改革中利益受损，因此，经济特区模式符合改革初期"渐进式"改革的初衷和各方利益诉求，因而经济特区模式的改革在改革初期进展顺利并取得了一定的成果。

改革进入"深水区"后，各项改革开始触动某些既得利益集团的利益，而不再像经济特区改革时那样遵循"帕累托改进"的要义。改革也不再是仅仅以经济改革为主线的改革，而是成为兼顾社会生活各个方面的综合改革。因此，改革要面向多元化。

从国内情况来看，以往的改革往往缺乏系统性，政府仅仅注重经济增量的一系列单元化改革。因此，随着经济的发展、改革的深入，社会各方面不和谐因素的出现已经超越了经济范畴，扩展为大量的社会公共问题，这些不和谐因素必然会阻碍社会经济的发展和改革的进一步深化。因此，改革越向深层推进，需要关注和改革的领域就越多，而这些领域的联动性也随着改革的深化而加强，出现牵一发而动全身的局面。由于只有继续改革才能解决这些问题，因而各方面改革能否协同、配套推进，不仅制约着改革的进程，而且决定着改革的成效。由于以往经济发展过程中所忽视和积淀的问题日益严重，而新的问题和矛盾又层出不穷，使得各种问题和矛盾呈现相互交织的局面，这就增加了继续改革的难度，对经济体制改革的系统性和配套性提出了更高的要求。从全球化竞争的角度而言，中国不少城市在经济竞争白热化的背景下，不顾资源、环境和社会等约束，所采取的经济增长方式往往是粗放式的，不仅使经济可持续发展背上了沉重的包袱，也让外界对中国经济是否可以持续发展产生担忧和质疑。基于此，中国改革如何寻找新的突破点，将经济改革、政治改革和社会改革置于人与社会、人与自然和谐发展的框架中，就成为最近或者未来一段时间内国家的重大任务和战略目标。

国家综合配套改革试验区将结合具体区域的实践特点，先行地方政府试验一些具有国家层面意义的重大改革开放措施，通过综合配套改革推进区域经济的发展。可以说，综合配套改革试验区将成为中国下一阶段深化改革开放的前沿阵地，将担负着探索建设和谐社会，创新区域发展模式，提升区域乃至国家竞争力的重大使命。

经济特区树立了中国对外开放的示范窗口，为中国经济的可持续发展及深化改革埋下了伏笔。在遵循"特定地区优先"与"先行先试"原则下，国家通过发展外贸，逐步放开市场的方式，实行了一套"试验—示范—推广"的模式，有力地促进了区域经济的发展。无论是在理论设计上还是在实践中，综合配套改革试验区都强调了制度的

"整体设计与推进"，开创并预示了中国经济转型发展的新模式及新趋势。在区域政策完善的过程中，无论是从经济转型的角度，还是从区域经济发展的角度，从综合配套改革试验区提炼出来的经验和改革路径都有着一定的推广价值和普遍意义。这种经验和模式也可以称为中国经验或者中国道路，抑或是"中国模式"。

（四）区域协调发展的政策模式创新：从行政区内部政策转向区域公共政策

区域协调机制的完善是综合配套改革中的一项重要内容，为了实现区域通过发挥各自的要素禀赋优势及比较优势，降低交易成本，放开市场准入制的目标，各级政府在政策的制定和标准衡量上需要推行一体化的标准。行政区和经济区域一体化发展问题在综合配套改革中需要各级地方政府着力解决，特别是在打破"行政区"的垄断和封锁，树立"区域公共治理"思维方面，政府间合作治理机制将朝着科学化、规范化的方向发展，而区域公共政策的有效性取决于联合执行程度。政府应逐步消除行政区内部政策，将行政区拓展成经济区，实现从行政区内部政策向区域公共政策的转变。在此基础上，资源和要素在更大范围流动和重组将得到实现，各行政区的比较优势在互补的基础上转换成经济优势，进而加速区域经济资源和生产要素的优化配置，区域经济结构将得到进一步的调整与升级，区域经济运行的质量和效益将朝着可持续化的方向发展。

区域协调发展是和谐社会的重要内涵。可以肯定，在构建和谐社会的背景下，中国协调区域发展的各项政策将会趋于完善和确立，社会主义建设的成果不再仅仅是少数人可以分享的果实，而会形成真正的全民共享的局面，而这一切成果已经在发达国家的区域经济发展过程中得到了验证。

第三章 发展模式转变中的制度创新：
基于上海浦东新区和天津
滨海新区的实践

一 经济增长与制度变迁

近年来，越来越多的学者注意到制度变迁与经济运行效率、经济增长质量之间存在正相关，因而强调制度创新对经济增长方式转变的积极效应。事实上，当一国经济增长到一定程度，资源、技术对经济增长的支撑已经越来越有限。此时，只有突破"制度桎梏"，经济增长方式才能实现转变，从而经济的可持续性增长才能得到保持。因此，经济增长方式转变的主要决定因素是制度创新或体制创新因素，也就是通过制度创新这一路径来改变传统体制对经济增长方式转变的约束，从而实现粗放型经济增长方式的有效转变。

（一）西方经济增长理论

现代经济增长理论出现的标志是 20 世纪 40 年代哈罗德和多马的长期经济增长模型。但是，由于在哈罗德—多马模型中，资本报酬率是假定不变的，从而在增长过程中资本和劳动也被间接地假定成不能相互替代，因此难以满足均衡增长的条件（有保证的增长率＝自然增长率＝实际增长率）。美国经济学家索洛对哈罗德经济增长理论进行了推进性研究，放松了资本与劳动不可替代的假定，由此建立起新古典经济增长理论。新古典经济增长理论认为技术进步是经济增长的主要动力，从长期看技术进步是经济增长唯一的动力。并且，新古典经济增长理论还假定各个国家有相同的机会得到同样的技术，因而在技术水平上，各个国家之间没有区别。由此其得出这样的结论：各个相互独立的国家存在一种很强的使经济发展水平和增长率趋同的倾向，这一趋势将会在各国间要素可自由流动的情况下增强。由于假设技术进步是外生的，这是新古典经济增长理论的局限性所在，因此它不仅不能解释发生技术进步的原因，而且也无法解释实际人均 GDP 增长率的差异和世界各国人均收入水平的差异。[①]

以美国经济学家卢卡斯和罗默为代表的新增长理论则克服了新古典经济增长模型的局限性，给经济增长理论带来了生机和活力。罗默认为，经济增长的一个重要因素就是生产要素的收益问题，导致其失败的原因是新古典增长理论关于边际收益递减的假设。在罗默的增长模型中，知识和人力资本进入了生产函数，并且成为经济增长的主要因素。经济增长不仅能形成自身递增的收益，而且能使资本和劳动等要素的投入也产生递增收益，从而使整个经济的规模收益递增，递增的收益保证了长期经济增长。[②] 卢卡斯的增长模型把资本划分为物质资本和人力资本两种。他认为，正是各国在人力资本方面存在的差异，导致各国在收入和经济增长率方面产生差异。扩大经济的开放度是发展中国家吸收人力资本和新技术，从而更快地实现经济发展，缩小与发达国家之间收入差距的一个因素。[③]

---

① 白辰艳：《经济增长方式转变的制度分析》，湖南师范大学硕士论文，2007。
② 〔美〕保罗·罗默：《收益递增与长期增长》，《政治经济学期刊》，1986。
③ 〔美〕罗伯特·卢卡斯：《论经济发展机制》，1988。

经济增长制度学派则提出了全新的观点，认为资本积累、技术进步等因素是经济增长的本身。也就是说，经济增长的根本原因在于制度的变迁，促进经济增长的决定性因素是一种提供适当个人刺激的有效产权制度体系。交易费用的降低是经济增长的根本原因，而制度变迁又是降低交易费用的关键。新制度经济学对于经济增长理论的现实意义是很大的。

（二） 国内学者对经济增长方式转变的理论研究

我国对经济增长方式转型问题的研究开始于 20 世纪 50 年代初。1956 年，孙冶方在《把计划和统计放在价值规律的基础上》一文中，着重分析了传统体制为何并不重视价值规律的作用，提出一定要改变粗放型发展方式以及如何改变粗放型发展方式的思路；并在 60 年代初，提出了"外延式增长"和"内涵式增长"的概念。到了 20 世纪 80 年代初，我国许多学者对经济发展中长期存在的问题，如如何理解速度与效益之间关系等进行了深入探讨，其中最为有名的是"结构型增长模式"、"质量型"经济和"效率型"增长模式。1979 年，国务院财经委员会成立的经济结构组在调研成果《中国经济结构问题研究》中，分析了我国经济结构存在的问题及原因，并提出全面改善经济结构的建议。[①] 曾培炎在其主编的《加快转变经济增长方式》一书中专门阐述了我国转变经济增长方式和提高经济整体质量方面的经验、问题和对策，并集中介绍了别国的经济增长方式转变情况，其中包括苏联、美国、新加坡和韩国。王保安在《中国经济增长与方式变革》中以突出特征为落脚点，更为广泛地介绍了美、德、日、新、韩、印等国的经济增长模式。在《经济增长方式转变的制度分析》中，李萍认为市场机制是市场经济作用于经济增长方式转变的诱导和主要推力。中国经济增长方式能否转变，事实上主要以制度或体制为重要决定因

---

① 白辰艳：《经济增长方式转变的制度分析》，湖南师范大学硕士论文，2007。

素和解释变量。① 李德水认为要把节约资源作为基本国策。② 张卓元认为应以体制机制方面为切入点，逼迫经济增长方式进行转变，从而提高经济增长的质量和效益。③ 樊纲的研究结论是："这不是认识问题，不是管理问题，不是政策问题，也不是什么发展战略问题，而是体制问题，这个问题不解决，我国外延式发展的问题不可能根治。"④ 刘国光等人认为，经济体制和运行机制因素相比发展观念、基本国情、经济发展阶段、科教水平和管理水平等因素来说，对经济增长方式制约性更大，这种制约性体现在宏观层次的经济调控体系和调控手段上，而不仅仅反映在微观层次的企业经营机制上。⑤

二　制度对经济增长方式转变的影响

所谓制度（institution），美国制度主义学派的代表人物凡勃伦认为，制度是一种习俗，由于被习惯化和被人们广泛地接受，使得这种习俗已成为一种公理化和必不可少的东西。舒尔茨将它定义为"一种行为规则，这些规则涉及社会、政治及经济行为"。⑥ 诺斯的制度含义更具有代表性，"制度是一系列被制定出来的规则、守法程序和行为的道德伦理规范，它旨在约束追求主体福利或效用最大化利益的个人行为"。⑦ 在新制度经济学看来，经济增长的关键在于制度因素，制度创新既是现代经济增长的主要机制和动力，也是决定经济增长方式变化的关键因素。由此，我们可以把制度作如下定义。制度是人们在社会博弈中均衡选择的约束和调整人们经济、政治和社会行为的规则。

---

① 李萍：《经济增长方式转变的制度分析》，西南财经大学出版社，2001。
② 李德水：《加快转变经济增长方式》，《求是》2009 年第 21 期。
③ 张卓元：《深化改革，推进粗放型经济增长方式转变》，《经济研究》2005 年第 11 期。
④ 樊纲：《渐进改革的政治经济学分析》，远东出版社，1996。
⑤ 刘国光、沈立人：《中国经济的两个根本性转变》，远东出版社，1996。
⑥ 舒尔茨：《制度与人的经济价值的不断提高》，《美国农业经济学杂志》1968 年第 12 期。
⑦ 诺斯：《经济史中的结构与变迁》，上海三联书店，1994。

它既包括社会的经济、政治、法律制度和意识形态等成文的规则，也包括社会中的人们约定俗成的风俗习惯。它以适应特定物质生产力的社会经济关系为基础并反映现实的社会经济关系的发展和变化。制度主义学派创始人凡勃伦认为，"制度是大多数人稳定了的共同的思想习惯"；另一创始人康芒斯将"制度"定义为"控制、解放和扩展人类行为的集体活动"。诺斯将制度定义为"人类设计的构成政治、经济和社会相互作用的机制"，它由非正式的强制（教规、禁忌、习俗、传统和行为习惯）和正式的法规（宪法、法律和产权）组成"。他认为"制度一直是人们为了在交换中建立秩序和减少不确定性而特意设计的，它和一般性的经济强制一样，规定选择方式，从而决定交易和生产成本以及参加经济活动的获益性和可行性"。舒尔茨将制度的形式划分为4种：一是用于降低交易成本的制度（如货币、期货市场）；二是用于影响生产要素所有者之间配置风险的制度（如契约、分成租佃制、合作社、公司、保险、公共社会保险项目）；三是用于提供职能组织与个人收入流转之间联系的制度（如财产权利，包括继承法、资历和劳动者的其他权利）；四是用于确立公共品和服务的生产与分配框架的制度（如高速公路、飞机场、学校和农业试验站）。到了20世纪60年代，旧制度经济学已经演变为新制度经济学，但是二者并没有本质上的不同，新制度经济学的核心概念为交易费用、产权和法律规范。新制度经济学认为制度是用一系列规则来约束人们的行为，这种规则既包括了人类社会的经济规则，同时也包括了社会规则和政治规则。制度不仅体现为规范人们活动中能为不能为的规则，而且在更广泛的意义上，制度也是人们在现实生活中所形成的各种社会、经济、政策、组织或体制的集合体，是一切经济活动和种种经济关系产生和发展的框架。

　　合理而有效率的经济增长方式是在以市场为基础，与市场机制运作相契合的必要的宏观经济调控下形成的。市场机制具有自动淘汰和筛选低效及无效的增长方式，搜寻适宜而有效的增长方式的功能。

　　由于历史原因，中国在近代史上一度中断了自然经济向商品经济的自然进程。新中国成立后，计划经济又人为地阻碍了商品经济的发展。由于缺乏历史积累并且存在着反市场机制的旧体制，从而决定了我国由计划经济向市场经济转变的艰难性和长期性。在体制转型的大背景下，经济增长方式由粗放型向集约型转变也存在着一定的制度障碍，相关领域制度、体制的不健全也影响着经济增长方式的转变。因此，企业制度、市场机制、宏观调控是影响经济增长方式转变的重要制度安排。

　　各国经济发展的实践充分证明，制度创新是一个企业、一个地区乃至一个国家经济持续发展的基本前提，它通过调整制度来安排和协调经济主体的利益关系，有效刺激和规范各类经济主体的行为，为经济持续发展不断注入新的活力。著名经济学家舒尔茨认为，制度的功能就是为经济提供服务。每一种制度都有特定的功能和经济价值。有效的制度能降低市场中的不确定性，抑制人的机会主义行为倾向，从而降低交易成本，同时为人们在广泛的分工与合作中提供了一个基本的框架，规范人们在相互交往中的信息成本并降低不确定性，将阻碍合作得以进行的各种因素降低到最少。诺斯在分析西方世界兴起的原因时指出："增长的关键因素是有效率的经济组织，西方世界兴起的原因就在于发展一种有效率的经济组织。有效率的组织需要建立制度化的设施，并确立财产所有权，把个人的经济能力不断吸引向一种社会性的活动，使个人的收益率不断接近社会收益率"；[1] 科斯在《联邦通讯权利》中指出：只有明确产权，才能消除或降低这种外部性所带来的危害。在明确产权的基础上，引入市场价格机制，就能有效地确认相互影响的程序及其相互承担的责任。可见，制度通过各种法律和

---

[1] 〔美〕道格拉斯·C. 诺斯：《西方世界的兴起》，学苑出版社，1988。

规则对人们的行为进行规范，并提供了相应的奖励或制裁。

中国正处于由传统的计划经济向社会主义市场经济转轨的时期，并将长期处于社会主义初级阶段，在制度安排方面仍然存在许多不尽合理乃至阻碍生产力发展的因素，特别是企业还没有真正成为创新的主体，市场体制和宏观调控机制都有待完善。因此，制度创新的任务十分紧迫而艰巨。

三 制度创新在经济增长方式转变中的重要性

改革开放 30 多年来，大量经济学研究文献从不同的角度和出发点对中国经济增长方式进行了深入、广泛的探讨。国外学者关于制度经济学的一系列研究成果，为我们研究中国的经济增长方式转变提供了一个全新的分析视角。其中，新制度经济学 20 世纪 80 年代传入我国，90 年代初科斯和诺斯先后获得诺贝尔经济学奖，进而新制度经济学在我国理论界引起了学者们更多的关注，制度分析也成为研讨中国经济体制改革、经济增长方式转变、产权明晰和政府行为转换时越来越多被提及的话题。

诺斯把制度定义为"正式约束（如规则、法律和宪法）、非正式约束（如行为规范、惯例、行为自律）和实施特征的结合体"。由于在制度和所用技术之间存在密切联系，所以市场的有效性直接决定于制度框架。成也萧何，败也萧何。制度是区域差距扩大的原因，也是区域差距缩小的原因。本文提出的制度创新并不只对中西部地区有利，至少对全国的经济总量也是有利的，最好是帕累托改进。区域差距的形成取决于制度差异，缩小区域差异的关键在于制度创新。自 20 世纪 80 年代末期开始，发展分析家和实践家就把他们的注意力转到为发展打下基础的制度上来，并且已经启动了法律和管制制度的改革，力图为有效力的、私人导向部门的增长创造更好的环境。

汪丁丁指出技术与制度两种力量共同决定经济发展、分工和专业化、技术进步的方向和结构以及制度变迁的路径。在制度与技术的互动关系中，存在着两类知识——技术性知识与制度性知识。与这两类知识存量对应的，是两类功能不同的生产行为——制度创新（把制度知识运用于组织的变革）与技术创新（把技术知识运用于产品的变革）。世界各国所展现的可持续经济增长和社会发展均是从一种"有限进入的社会秩序"转型为一种"开放进入的社会秩序"。

我国正在进行经济市场化改革。从某种意义上来说，市场经济的实质就是制度经济，这是因为市场经济本身就是制度化、规范化经济体制的过程，是在一系列法律、规则的基础上发展起来的。因而，我们认为市场经济的优越性就在于提供了一种制度保证，用以维护平等权利。

市场经济体制的完善并能充分发挥作用，在很大程度上与政府的职能转变和行政管理体制改革密切相关。随着我国改革不断向纵深推进，行政管理体制改革对其他改革的牵制作用日益明显地体现出来，因而加快行政管理体制改革已成为全面深化改革的关键。因此，以转变政府职能为核心，加快推进政府行政管理体制改革是完善社会主义市场经济体制，推进我国经济增长方式转变的必由之路。

四　国家综合配套改革试验区——上海浦东新区的改革实践

（一）浦东新区发展成就

浦东是我国开发、开放的重要窗口，也是我国外向型经济发展的重要区域。自 1990 年 4 月党中央、国务院正式宣布开发、开放浦东新区以来，仅 20 年的时间，浦东新区的经济社会环境就发生了巨大的变化，从一个过去几乎无人关注的地方，发展成为一个外向型、多功能、现代化的新城区。

1. 经济实力迅速增强

20 年来（1990 ~ 2009 年），浦东新区经济始终保持较快的发展。1990 年的生产总值是 60. 24 亿元，2009 年上升到 4001. 39 亿元。2009 年，财政总收入 1356. 01 亿元，地方财政收入 379. 99 亿元；城镇和农村居民人均可支配收入（原浦东）分别达到 30. 393 元和 14. 963 元。

在浦东开发、开放的 20 年中，GDP 的年均增长速度约为 18%，远远高于上海市 GDP 增长的平均指标。浦东新区 GDP 占上海市的比重由 1990 年的 10% 提高到 2007 年的 22%。在其他经济领域，浦东新区也取得了巨大进步。1990 年，浦东的社会固定资产投资额、社会商品零售总额分别为 14. 15 亿元和 14. 28 亿元，而到了 2007 年，则分别增长到 784. 10 亿元和 456. 04 亿元，占上海市的比重也由原来的 8%、6% 提高到 2007 年的 18%、12%。在"十五"期间，浦东新区全社会固定资产投资 5 年累计完成 2951 亿元，占浦东开发、开放以来固定资产投资总量的近一半。由上可见，浦东新区的财政实力迅速增强。①

2. 产业结构优化升级

浦东自开发、开放至今，浦东新区的产业结构调整取得了阶段性的突破，第一、第二、第三产业的产值都有了空前的增长。其中第二产业发展较为平稳，2009 年实现增加值 1706. 29 亿元，高新技术产业产值率超过 25%；2009 年，第三产业增加值达到 2264. 49 亿元，增长 14. 5%，占生产总值比重达到 56. 6%；而在生产总值中，金融业增加值增长 31. 3%，成为拉动第三产业迅速增长的最主要因素。

3. 功能开发快速提升

一是"国际金融中心"战略计划实施速度加快。到 2009 年为止，在新区集聚的 603 家金融机构中，证券类机构占 204 家，银行类机构占 198 家，保险类机构占 165 家。此现象展现了金融创新力度的增强

---

① 转引自江曼琦《天津滨海新区成长的机理与发展策略选择》，经济科学出版社，2012。

和金融环境的完善。

二是"聚焦张江"战略计划纵向延伸力度加强。张江高科技园区已形成微电子、生物医药、软件、金融服务等产业的大量群集，大量的创新要素和创新经济正在崛起，创新成果日益凸显。比如，2009 年被最终认定的研发机构为 340 家，研究与开发投入占 GDP 比重达 3%，专利申请量上升到 14645 件，其中发明专利增加到 5373 件（2003 ~ 2009 年）。张江高科技园区正在成为浦东地区经济增长的发动机和创新的核心地带。

三是"国际航运中心"建设稳步推进。截至 2009 年，浦东集装箱吞吐量为 2138.70 万标箱，浦东空港货邮吞吐量为 254.09 万吨，世界排位分别位列第二、第三位。在"三港三区"联动和资源整合的背景下，浦东国际航运中心未来建设的重心将转移到大力推进现代航运服务体系、现代航运技术体系建设上面。

四是加深了对商业、会展、旅游等功能的拓展。浦东的商务客流不断增加，重大会议、展览、旅游等活动不断举办，促进了上海主要大型商场、主要景点、宾馆、旅行社以及餐饮等商业城的营业额增长。2009 年，商品销售总额同比增长 13.7%，社会消费品零售总额同比增长 14.4%。[①]

（二）上海浦东管理体制改革的 3 次转型之路

伴随 1990 年浦东开发、开放的正式起航，浦东经济新区的管理体制也在不断演变和完善，总体经历了 3 次大调整：第一阶段，1990 年 4 月至 1992 年 12 月，上海市人民政府浦东开发办公室时期；第二阶段，1993 年 1 月至 2000 年 5 月，中共上海市浦东新区工作委员会、上海市浦东新区管理委员会时期；第三阶段，2000 年 6 月至今，中共上海市浦东新区委员会、上海市浦东新区人民政府时期。

---

① 朱斌：《浦东外向型经济发展模式的反思研究》，《经济研究参考》2010 年第 57 期。

在第一阶段，管理工作以协调为主要职责，在原来"三区两县"的基础上建立行政协调的管理体制，设立了上海市人民政府浦东开发办公室，并设立了包括陆家嘴金融贸易开发区在内的 4 个开发区，对浦东经济开发区的建设进行总体构思，承担组织协调的开发任务；同时，以开发区为龙头，将城工、农工委牵头的街道以及镇作为列车，实现开发区与街镇的联动开发。

这一时期，在快速推进新区基础设施建设中，开发主体仍为"三区两县"，所以各项指标成绩算在所在区县，这充分调动了地方的积极性。但是，由于趋于分散管理，开发主体较多，使得浦东开发办公室协调难度大，导致统一规划不够。

在第二阶段，1993 年 1 月，上海市委、市政府对浦东新区的管理模式进行重大调整，调整南市区、杨浦区和黄浦区的行政区划，将三个区原有涉及浦东的区域抽出，不再归其管辖，撤销了上海县和川沙县的行政建制，同月，成立了上海市人民政府浦东新区管理委员会。

"小政府、大社会"原则一直以来都是浦东新区管委会遵循的最高纲领。"小政府"是指管委会的编制要小，"大社会"是指按社会发展的要求，相应地健全社会服务并扩大技能，这些机构不是政府财政供给的。浦东新区共设立了 10 个职能机构、5 个政法机构，还有其他群团机构以及人武部、人大联络处等，全部编制 800 人。与其他各区相比，机构减少了 2/3，人员减少了 1/3。这些机构包括新区党委会、组织部、纪律检查委员会等，其后随着开发形势的发展、具体事务的增多，又先后设立了宣传统战部、城区工作委员会、农村工作委员会、国资办，以完善管理上的薄弱环节。从以上情况可以看出，新区机构的设置体现了按职能匹配机构的原则，"小政府、大社会"的原则，精简、统一、高效的原则以及在实践中逐步发展和完备的原则。管委会在此阶段注重管理与开发并重，增强了管委会的权威和领导力。

在第三阶段也就是 2000 年 6 月至今，是浦东新区的行政效率进一步提高的阶段。2000 年 6 月 21 日，上海市委领导宣布中共浦东新区委员会及常委会成立。在此期间，经国务院批准将上海市南汇区并入上海市浦东新区。两区合并之后，浦东新区健全了四套机构，实行"两级政府、三级管理"，继续保持"小政府、大社会"的格局，通过对行政审批制度的改革，进一步推进了政府职能的转变，成为政府职能转变的突破口。从 2001 年 10 月开始，浦东新区对原有的 724 项行政审批事项进行了全面、系统的梳理，以创新管理制度为抓手，按照合法和符合实际的原则，取消了 292 项审批事项，优化基建审批程序，进一步简化审批环节，转变审批观念，提高办事效率。

（三） 对转变政府职能的思考

亚当·斯密认为，国家应成为一个"守夜人"的角色，自由市场有自行调整机制，受"看不见的手"调节。但是到了 20 世纪 30 年代的大危机，"看不见的手"面临困境，大量的银行倒闭，经济萧条，出现大量失业。罗斯福政府在凯恩斯经济学理论的支撑下，实行了国家干预经济生活的罗斯福新政，政府举债扩大公共工程支出。历史证明，此时政府干预经济取得了成功。

但到了 20 世纪 70 年代，一些发达国家经济陷入滞胀，政府干预经济也失去了作用，西方经济学界将此现象称为"政府失灵"。在此背景下，自由主义经济政策出笼，提出要限制政府在市场中的干预作用，认为政府试图替代市场机制，直接配置资源的举措，可能将导致市场机制永远难以有机会成熟起来。市场失灵是由于政府干预不当引起的，因此，消除这类市场失灵不能依靠加强政府干预去解决，而必须减少政府的不适度干预。[①]

（四） 行政管理体制的完善路径

第一，在处理政府与市场、社会的关系中如何界定政府的职能边

---

① 王祖继：《制度视角下的经济增长方式转变问题研究》，吉林大学博士学位论文，2009。

界是关键性问题。正确处理政府与市场、社会的关系的实质是合理界定政府的职能边界，而政府职能转变是体制创新的核心。"有效政府"是指只有在适当的职能范围内，与市场、社会进行良性互动，才能发挥有效作用的政府，而经济和社会可持续发展所需要的正是这样的政府。浦东新区管委会是一个十分精简的机构，在管理上已不可能沿袭传统的管理模式，把政府无数的管理触角渗透到每一个企业单元中，不可能事无巨细，统揽无余。管委会从成立开始，就把一事一批的行政微观管理尽量减少到最低限度，而把更多的精力用在宏观管理上，把管理重点放在市场上。政府通过发布各种经济数据，通过税收、利息、国有资产管理以及颁布政策来宏观调控市场；政府大力培育市场，培育市场中包括各类中介组织在内的社会服务机构，再以这些结构为媒体，更好地为企业服务；政府还大力提高公共服务供给的质量和效率，待发展成熟后在全区范围内推广，逐步使全社会组织发育成熟、壮大，这是完善行政管理体制的需要。

第二，实现政企分开，进行大部门管理。企业内部进行自我管理，务必实现政企分开，一律不设各类针对企业的主管局，同时不采取强化综合管理，而是实行大系统的管理模式，能不设的机构尽量不设，相应的职能先归并到一个大管理机构中。例如，社会发展局的职能就包含了进行城市管理的一半局委的全部职能，如民政局、教育局、文化局、卫生局、体委等，这种大系统的管理模式，决定了机构运作的方式、内容、作风、程序都与旧机构有根本的不同，因而具有重要的创新意义。

第三，深化行政审批制度改革。改革落脚点不仅要从精简事项、扩大准入、优化流程等方面入手，还要推进行政审批的标准化、信息化和扁平化改革，以此来达到高效审批、快速审批的目标；对于并联审批、联合年检、"一站式"服务、企业设立联动登记等率先摸索的审改先进做法，也要进一步深化和推广，覆盖全区。[①]

五　国家综合配套改革试验区——来自天津滨海新区的实践

（一）滨海新区概况

天津滨海新区处于天津东部临海，涉及天津港、开发区、保税区等3个功能区，塘沽、汉沽、大港等3个行政区以及海河下游工业区，面积2270平方公里，人口135万。滨海新区的GDP增长迅速，从1994年的112亿元增长到2004年的1250亿元；财政收入2004年达到169亿元，比1994年的23.6亿元增长了6倍；外贸出口137亿美元，由此成为中国北方经济发展区中发展最快、潜力最大的地区之一。1994~2004年，天津滨海新区累计实际利用外资164亿美元，累计批准"三资"企业项目5381个，有70多家世界500强企业在此投资。"三资"企业工业总产值占新区的61%，高新技术产品产值占新区的比重已达46%。按照原有产业布局和交通布局条件，并结合未来国家和区域发展要求，滨海新区将功能定位为：依托京津冀，服务环渤海，辐射"三北"，面向东北亚，建成高水平的现代制造和研发转化基地、北方国际航运中心和国际物流中心、宜居海滨新城。滨海新区的空间总体布局为一轴、一带、三个城区，"一轴"为沿京津塘高速公路和海河下游建设"高新技术产业发展轴"，"一带"为沿海岸线和海滨大道建设"海洋经济发展带"，"三个城区"为以塘沽城区为中心，大港城区和汉沽城区为两翼的宜居海滨新城区，建立并发展8个"产业功能区（产业群）"和若干现代农业基地。8个产业功能区包括先进制造产业区、滨海高新技术产业区、滨海化工区、金融商贸服务区、海

---

① 愈晓波：《从层级制到扁平化的行政管理体制变革——以上海浦东模式为例》，中国行政管理学会2011年年会暨"加强行政管理研究，推动政府体制改革"研讨会论文集，2011。

港物区、临空产业区、海滨休闲旅游区以及临港产业区。①

（二）天津滨海新区产业结构调整与优化

1993 年，位于滨海新区 2270 平方公里范围内的企业共有 3453 家，其中增加值在 30 万元以上的有 854 家。全部企业的增加值为 105 亿元，整个新区的增加值为 112 亿元。当时新区的全部工业总产值只有 212 亿元。

根据当年的统计数据，在滨海新区开发建设起步时，工业门类相当齐全。在国家工业经济门类划分的 39 个大类里，除烟草加工业以外滨海新区都有涉足，但多数行业门类的规模都不大。规模比较大的主要有 3 个行业：一是石油、天然气开采业，其增加值约占地区生产总值的 12%；二是化学原料及化学制品制造业，其增加值约占地区生产总值的 11%；三是石油加工与炼焦业，其增加值约占地区生产总值的 6%。

当时新区的服务业主要是以天津港务局和天津远洋运输公司为代表的服务贸易行业。当时港务局属于政企合一的单位，港务局和远洋公司的增加值约占新区 GDP 的 12%。1993 年，天津港的吞吐量仅有 3719 万吨，集装箱吞吐量仅为 49 万箱。在这一时期，滨海地区的服务业还以传统服务业为主，除交通运输业和进出口贸易服务业外，主要是以餐饮、商贸零售等传统业态存在。②

自滨海新区开发建设以来，经济一直保持迅猛发展的趋势。地区生产总值 2007 年已达到 2364 亿元，是起步时的 21 倍；工业总产值到 2007 年达到 6282 亿元，已相当于起步时的 29.5 倍。

滨海新区管委会自成立后，就将提高经济运行质量和优化升级产业结构作为一项重要任务。管委会提出并推行了"规划引导，合理布

---

① 孟广文、杜英杰：《天津滨海新区建设成就与发展前景》，《经济地理》2009 年第 2 期。
② 江曼琦：《天津滨海新区成长的机理与发展策略选择》，经济科学出版社，2012。

局；科技兴区，以科技创新促进结构提升；营造与国际通行做法接轨的投资环境；对重点发展的产业给予贷款贴息"等一系列对策措施，在经济发展总量快速增长的同时，产业结构的优化和提升也十分明显。[1]

产业结构与分配结构、资源结构、需求结构等共同构成了国民经济结构系统。从一定意义上说，产业结构在整个国民经济中居于相当重要的地位。产业结构的合理变动是经济稳定增长的必要基础，也是经济保持持续增长的必然要求。在现代经济发展中，经济增长表现为总量和结构都不断变动、演化，并且相互作用。

天津的实践告诉人们：新区产业结构的提升有一个渐进的过程，这是政府引导和市场推动互相促进的过程。北方普遍存在的经济发展制约因素是计划体制对经济、社会各个层面的影响仍然较大，因而，只有坚定不移地推进对外开放政策，一以贯之地追踪全球产业分工转移的规律和趋势，适应发展大势，才能充分利用产业转移的机遇发展自己。

1. 以绿色化为核心的战略性新兴产业的研发和制造

在我国发展战略性新兴产业，抢占经济科技制高点的战略中，作为中国经济发展增长极之一的滨海新区发挥了重要作用。同时，滨海新区未来应该辐射和带动的西北、华北地区，经济质量不高，能耗大，急需产业升级；加快培育和发展以重大技术突破、重大发展需求为基础的战略性新兴产业，对于推进这些地区产业结构升级和经济发展方式转变具有重要意义。因此，战略性新兴产业势必成为滨海新区未来产业结构发展的重要依靠方面。

《国务院关于加快培育和发展战略性新兴产业的决定》确定了我国战略性新兴产业发展的重点方向、主要任务和扶持政策，指出"节

---

[1]　江曼琦：《天津滨海新区成长的机理与发展策略选择》，经济科学出版社，2012。

能环保、新一代信息技术、生物、高端装备制造、新能源、新材料和新能源汽车"将是我国现阶段重点发展的方向。从前面的分析中也已经看到，随着滨海新区开发程度的加深，资源、环境对经济发展的约束加大，为了加快滨海新区的开发、开放，新区不仅要发挥好对区域经济发展的带动作用，更要争当贯彻落实科学发展观的排头兵，而建设"环境优美的宜居生态型新城区"，也需要生态化的产业结构体系。因此，在我国未来重点发展的七大战略性新兴产业发展方向中，滨海新区应把以节能环保和性能材料新能源为代表的绿色产业作为重点，同时，辅以新一代信息技术和高端装备制造，使滨海新区成为我国参与世界竞争的战略制高点之一。

实际上，在这七大领域内，目前滨海新区已经聚集了全球最大的纯电动汽车生产基地、全国最大的动力电池生产企业、国内领先的电动汽车控制器制造商等新能源汽车领域的领军企业。2009年，滨海新区在新能源、新材料领域实现产值351亿元，产业集群已呈规模化之势。以东邦铅资源、泰鼎环保、正达科技为代表的一大批节能环保产业正在崛起。[①] 未来几年，滨海新区要将更多精力放在原始研发和集成创新能力上，只有紧紧抓住提升自主创新能力这个核心环节，最终才能使我国成为世界战略性新兴产业的基地。

2008年金融危机的爆发，使先进国家突然认识到经济持续发展和国家长治久安的最终保障仍旧是实体经济，而天津滨海新区的第二产业比例过高却是"顽疾"。虽然目前我国学者认为第二产业比例过高是由于第三产业发展滞后造成的，但是从本质上说，正是因为第二产业的快速发展，才促使滨海新区经济高速增长，同时，第二产业也是避免制造业空心化打击的缓冲带。

---

① 王森等：《专项资金助推发展，天津滨海新区战略性新兴产业亮点频现》，人民网。

2. 以航运金融和风险投资为重点的金融保险业

根据区位优势角度和专业化、精细化发展的趋势，航运金融与风险投资应作为滨海新区金融业发展的重中之重。从目前的情况来看，滨海新区的航运金融发展已初有起色，成立了中国首家船舶产业基金，建立了滨海创业风险投资引导基金，发展了 120 多家创业风险投资机构和 250 多家创业风险基金，投资了曙光高性能计算机服务器产业化基地等 20 多个高技术产业化项目，工商银行和民生等大型金融租赁公司相继落户滨海新区。然而，虽然该项业务得到很多保险业的支持，但是品种却十分单调，无法满足目前的市场需求，结果导致资源外流，中小企业融资依旧很困难。因此建设特色金融是实现滨海新区国际航运中心的需要，也是实现与京津经济圈合理分工的需要。

所以，充分利用滨海新区先行先试的区位优势，以航运金融和风险投资为突破口，加速发展 QFII（合格境外机构投资）航运投资业务，探索创新新的离岸金融业务，同时，带动融资、结算、保险和航运金融衍生品等金融产品及金融创新活动，促进国际和民间资本的合理、有序流动，最终加快滨海新区北方国际航运中心和研发转化基地的建设。

3. 以服务西北、华北为主体的航运服务业和科技服务业

在依托航运的产业中，集装箱吞吐量、货运价值和中转量固然重要，但航运金融以及衍生产业等航运服务功能是建成国际航运中心的核心竞争力。以伦敦和纽约为例，伦敦航运从 20 世纪 70 年代中期开始没落，但是伦敦港凭借高度发达的航运服务业，稳固了其国际航运中心的统治地位，可以影响全球海运市场走向。纽约则在滞涨期，同样凭借其发达的综合服务功能，继续保持着其国际航运的核心地位。

滨海新区经过最近几年的快速发展，建成了天津国际贸易和航运服务中心，但从评价国际航运中心的支撑产业体系来看，滨海新区在海运服务业和其他航运衍生服务业方面都存在着相当的差距，其中，

海运经济业和海事咨询业更是发展空白。滨海新区虽存在着很多的船舶和货运代理企业，但都因经营规模太小，服务质量不高，导致产生严重的恶性竞争，更堪忧的是还反向影响到了航运业、国际贸易业的原有正常发展。综上所述，发展滨海新区，建设国际航运中心，尤其应该加强和完善航运服务业。

专业的科技服务业是研发基地建设的重要支撑之一，是第一产业、第二产业和现代服务业实现快速发展的保障。滨海新区科技服务业的发展，将结合未来战略性新兴产业的定位和需要，以为华北、西北提供技术源为目标，优先发展科技设施、贸易、科技金融和企业孵化器等业务，为科技成果产业化提供科技设施服务，为成长中的中小企业提供优良的硬件条件和基础设施，加快科技成果转化和晋升为高科技企业的步伐，使其发展壮大。

4. 以面向西北、华北为重点的贸易业

根据前面按功能对国际航运中心进行的分类，由于以滨海新区的地理位置，缺乏像新加坡、中国香港地区那样发展转口贸易的天然条件，因而滨海新区只能以发展航运腹地型的国际航运中心为目标，而这类中心所要具备的充分必要条件之一是充分的国际贸易量。为此，滨海新区要积极发展国际、国内贸易，一方面要将自身和国内尤其是西北、华北生产的产品，既通过外销网络大量出口到国外市场，又通过内销渠道在国内市场上销售；另一方面还需要从国外进口大量的原材料、半成品和成品，供自身和国内的生产与生活消费之用。

尽管有人认为，以目前西北、华北之现状，腹地因经济落后，难以提供足够的贸易量，因此希望以自身的制造业优势来弥补这一劣势。确实，制造业优势的确有助于贸易优势，但是仅仅依靠制造业来促进贸易发展，却难以满足需求，使得可利用的土地越来越少，商务成本增加，制造业发展会受到制约。贸易业作为主要的服务业，相对于一般的制造业，不仅占地少，还能催生和带动金融、航运等相关的产业，促进西北、华北地区的经济发展，实现国家对于滨海新区的战略定位，可以说，这是滨海新区持续发展的不二选择。

为此，滨海新区要充分发挥制造业优势，面向西北、华北等省、市努力搭建好两大平台：提供国内市场服务的国内贸易大平台和提供国际市场服务的进出口贸易大平台，积极地吸引国内外贸易主体，建立一批以中高端货物贸易为主的货物种类，并以产品为核心，向前、后、左、右延伸，形成纵横交错的产业链条，以贸易带动区域经济发展。

5. 以高品质、便捷化为目标的生活性服务业

滨海新区的发展已经走过初创阶段，未来发展不仅需要提升经济发展的质量，更需要从产业基地向城市新区转型；不仅要为已经在此生活、工作的居民提供便捷、丰富多彩的生活，更要通过良好的生活环境为进一步吸引更多的有志之士再次定居发展、置业而创造良好条件。目前，滨海新区尽管已经营造了一定的生活服务环境，但是与高品质、便捷化的要求相差甚远，并由此在天津中心城区与滨海新区间出现了大量的通勤人员，这不仅带来交通问题，也带来工作时间实质上缩短、企业成本增大等问题。因此，加快发展高品质、便捷化的生活服务业不仅是必需的，而且从长期看，也是完善城市功能，实现宜居新城区的必要条件。

值得注意的是，近年来，由于居民生活水平不断提高，对餐饮、旅游等诸多方面的服务需求会不断增加，因而在满足人民生活需要，提高人民生活质量，创造就业机会，调整产业结构等方面，生活性服务业均发挥着重要作用，也是有着巨大发展空间的产业。未来滨海新区要围绕服务民生的宗旨，加快发展教育、医疗、养老和社区服务，形成完善、多层次、多样化的居民服务网络，以有效满足民众家政服务、日常购物、托老托幼、运动健身等切身利益和需求，方便群众生活；同时，要根据居民收入增加，闲暇时间延长的特点，加速发展健

身娱乐、体育旅游、拓展训练等现代生活性服务产品，培育动漫游戏、手机电视等新的消费服务增长点。

（三）滨海新区产业结构制约因素

北方地区普遍存在的经济发展制约因素是计划体制对经济、社会各层面的影响仍然较大。中国"北部问题"的实质就是市场力量不足。包括环渤海地区，大部分北部地区受计划经济的传统影响较深，对外开放的程度尚低，仍处于初级阶段，市场化程度低，人们的思想观念、企业的市场经营意识还远远不能适应市场经济的要求。

另外，服务业比重明显偏低，尤其是新兴服务业严重偏低，在现代物流业、环保业、金融保险业、信息咨询业等新兴服务行业表现更为突出，比重一直处于低水平状态。产业关联度不强，主导产业对相关产业的带动作用不明显，具有自主知识产权的高技术产业也还没有形成一定的规模；新区内部功能区布局有待改善，大部分行业未能紧靠港口，高技术产业远离人才基地，集聚效应得不到更有效的发挥；一些传统行业的技术水平不高并且规模偏小，没有形成规模经济。

滨海新区在产业结构和经济发展上与浦东新区还存在差距：在区域面积上只有浦东新区的1/4，而浦东新区在单位面积的效益确是滨海新区的4倍多。近年来，浦东新区第三产业增加值增长到662.09亿元，纵向比增长了17.5倍，发展重点是以现代金融为代表的高端服务业。而天津滨海新区第三产业增加值只相当于浦东新区第三产业增加值的46%。滨海新区经过比较，找到了新的差距，增加了自己的危机感、使命感、紧迫感。为此，滨海新区将大力优化和提升产业结构，增强自身的服务和辐射能力。

第四章　城乡统筹试验与消除二元结构的制度创新：基于成都试验区和重庆试验区的分析

城乡统筹是指以实行"城""乡"发展双赢为目的的发展格局。为了充分发挥城市对农村的辐射和带动作用，建立以工促农、以城带乡的长效机制，促进城乡协调发展，我们要摒弃过去那种重城市、轻农村的观念，改变"城乡分治"的做法。

城乡统筹战略思想是党中央在新的历史条件下，科学判断形势，正确把握城乡发展关系而做出的重大决策；是完善社会主义市场经济体制，全面建设小康社会的重大举措；是逐步改变城乡二元经济结构，从根本上解决"三农"问题的重大创举。城乡统筹既是一个需要深入研究的理论问题，也是一个亟待解决的现实问题。2007年年初，重庆与成都同时被确定为"国家城乡统筹综合配套改革实验区"，城乡统筹拉开新的序幕。

一　国内外对城乡统筹的研究文献

（一）国外研究理论

城市与农村经济协调发展是世界各国在经济发展过程中曾经面临

或正在面临的一个共同主题，西方经济学家为此进行了大量研究。

1. 二元经济结构论

最早运用"二元结构"这一概念的是荷兰经济学家伯克。1953年，他在《二元社会的经济学和经济政策》中指出：传统部门与资本主义现代部门并存，且二者在社会文化和经济制度方面存在巨大差别。在伯克进行的开创性研究之后，刘易斯进行了更深入的研究，在《劳动无限供给条件下的经济发展》中，首次明确提出了发展中国家经济二元结构的理论模型。20 世纪 60 年代，费景汉和拉尼斯在刘易斯假设的基础上进一步完善该模型，形成了著名的刘易斯－费－拉模型。他们认为，发展中国家普遍存在城市以工业为代表，农村以农业为代表的二元经济结构，经济发展就是要通过工业部门的扩张，吸收农业中过剩的劳动力，从而达到消除经济中工、农之间及内部存在的各种结构失衡的目的。

2. "中心－外围"理论

中心－外围理论也称为核心－边缘理论，是由多位学者发展起来的区域发展和区域开发理论。他们认为，核心与边缘之间存在着不平等的发展关系，经济权利、技术进步、高效的生产活动以及生产的创新等都集中在核心区。弗里德曼提出利用"空间经济完全一体化"来取代不完善的中心－边缘结构。规划者应使这些核心地区从大到小"活"起来，也就是从大到小逐级创造有利的环境条件，实行引诱厂商选择区位公共投资政策，从而打破不良的中心－边缘结构，逐渐达到空间经济一体化，实现城乡经济一体化发展。

3. 增长极理论

20 世纪 40 年代末 50 年代初，增长极理论是应用最广泛的经济学说。佩鲁首先提出，经济发展的速度不可能均匀分布在一个区域的每一个点上，经济增长是在不同地区、部门或产业，按不同速度增长。增长极理论承认经济发展在地理空间上的不平衡性，这对欠发达地区的发展有一定指导意义。欠发达地区在开发过程中应根据"效益优先"的原则，采用增长极开发模式。

4. 二元经济结构理论

二元经济结构理论是在增长极理论的基础上进一步发展而来的。缪尔达尔认为，该理论产生的原因在于各地区经济发展的差距性。在经济发展过程中，政府应当采取不平衡发展战略，优先发展有较强增长势头的地区，但是各个地区的差别不宜过大。为防止累进性因果循环造成的贫富差距无限制扩大，政府应采取一定的特殊措施来刺激落后地区的发展。

5. 传统农业改造理论

舒尔茨从 20 世纪 50 年代开始一直强调，在工业化过程中，农业像工业一样是经济的重要部门，农业对经济发展的贡献是巨大的，重工抑农的政策不可能取得良好的工业化绩效，也不可能使经济社会现代化。因此，改造传统农业是缩小城乡差距，提高经济总体发展水平，逐步实现城乡一体化的重要途径。

6. 田园城市理论

霍德华认为，田园城市是为了健康生活和产业而设计的城市，其规模不超过现实社会生活的需要，周边被农村地带所环绕，主张农业与工业联姻，农村与城市联姻。佛力丘和施密特进一步深入研究和完善了田园城市理论，强调城市中产业、生活和自然 3 个方面的和谐统一。[①]

（二）国内研究理论

我国很多学者一直坚持探索城乡关系和工农业发展问题。随着城乡统筹战略的提出，众多学者对此纷纷进行研究并形成了大量研究文献。

---

① 李建建：《统筹城乡发展：历史考察与现实选择》，经济科学出版社，2008。

1. 重工抑农论

在改革开放前，重工抑农论是我国城乡关系进行理论思考和展开研究论证的主流观点，其要义在于通过广泛讨论关于生产资料优先增长，进而从城乡关系的角度为国家实行重工业优先发展战略进行理论研究服务，提供政策支持。在该理论的影响下，我国城乡关系的矛盾逐步积累，但计划经济的宏观体制背景使得城乡关系在我国长期没有引起应有的重视，最终导致城市与乡村的分离和对立日益严重并不断强化，形成一个难以逾越的城乡关系鸿沟和城乡经济社会发展脱臼。

2. 乡村建设理论

梁漱溟倡导乡村建设，认为中国应走乡村建设之路，即振兴农业以引发工业之路，复兴从农村入手。他不主张直接办工业，而是主张从农业生产、农民消费两方面来刺激工业发展，先制造出工业的需求来。

3. 农业国工业化论

张培刚在 1946 年《农业与工业化：农业国工业化问题初探》一书中，系统地探讨了贫穷落后的农业国是如何走上工业化道路的。其在书中引用"垄断竞争理论"和"寡头垄断理论"来说明农民在与城市工商业者进行交换时处于不平等和不利地位，指出农业可以通过输出农产品，来帮助发动工业化。

4. 工农业关系演变阶段论

李澍在《农业剩余与工业化资本积累》中提出工农业关系的 3 个阶段理论：第一阶段，即农业支持工业发展阶段，大致相当于工业化的初期阶段；第二阶段，即农业与工业平等发展阶段，大致相当于工业化的中期阶段；第三阶段，即工业支持农业发展阶段，大致相当于工业化的后期阶段。这 3 个阶段对应以农补工、工农业平等发展、以工补农的 3 个阶段。[①]

[①] 转引自李建建《统筹城乡发展：历史考察与现实选择》，经济科学出版社，2008。

5. 国内关于城乡统筹方面的研究文献

（1）对城乡统筹内涵的研究。顾益康（2003）认为，城乡统筹就是要彻底摒弃计划经济体制，彻底改变城市偏向的一系列政策制度，摆脱城乡分割，重工轻农，重经济总量增长、轻结构优化，重投资、轻消费的发展战略模式；陈锡文（2004）分析了在整个国家经济的发展方面如何才能做到统筹；陈希玉（2006）认为，城乡统筹就是消除城乡之间的樊篱，破除"二元结构"，实现城乡协调发展。

（2）对城乡统筹障碍的研究。张丽艳、李雪艳和高翠珍（2005）认为，现行的户籍制度、城镇与乡村的二元性结构不利于城乡统筹的推进；① 章国荣等人（2003）指出，城乡之间在产业结构上的差距所引起的工业和农业的效率差异是导致我国城乡收入差距不断拉大的原因。②

（3）对统筹城乡发展意义的研究。石忆邵（2004）指出，实现城乡发展和社会发展的统筹，是缩小城乡差距的必由之路；③ 郭纬（2003）、章国荣等人（2003）指出，要想缩小我国城乡之间在收入、财产、生活水平和社会福利等各方面的差距，必须走统筹城乡的发展之路；④ 李佐军（2006）认为，走城乡一体化道路能打破城乡分割的格局，是城乡统筹的关键。⑤

还有很多学者从不同的角度进行研究。张红宇（2003）认为，统筹城乡发展不仅能解决"三农"问题，还能实现城乡一体化的格局；⑥

---

① 李雪艳、高翠珍：《城乡统筹发展存在的问题及原因分析》，《民营科技》2007 年第 4 期。
② 章国荣等：《城乡居民收入差距与农民增收》，《农业经济》2006 年第 1 期。
③ 石忆邵：《实施统筹城乡发展战略的意义与对策》，《农业经济问题》2004 年第 2 期。
④ 郭纬：《城乡差距扩大的表现、原因与政策调整》，《农业经济问题》2003 年第 5 期。
⑤ 李佐军：《统筹城乡发展的关键是建立城乡统一制度》，《中国经济时报》2007 年第 5 期。
⑥ 张红宇：《城乡统筹：以农民收入为中心的结构转换分析》，《产业经济分析》2003 年第 4 期。

胡乃武等（2004）指出了城乡统筹中要解决的主要矛盾，如城乡间的教育体系、城乡劳动就业制度等；[①] 季建林（2009）指出，统筹城乡收入分配必须坚持国民待遇原则、全面原则、平衡再分配功能原则等。[②]

（三）城乡统筹的必然性

城乡统筹是党中央在新世纪、新阶段做出的重大战略部署。城市与乡村建设成一个相互依存、相互促进的统一体，充分发挥城市与乡村各自的优势和作用，克服城乡分离和对立，有利于实现城乡经济良性循环与协调发展，推进全面小康社会的建设步伐。

1. 城乡统筹符合我国的基本国情

我国是一个典型的二元经济国家，农村人口占绝大多数，虽然近些年农村的生活水平有所提高，但是由于长期以来实行的"重工－轻农"政策，使工农差距、城乡差距和地区收入差距都呈现出的扩大现状不但没有改观，反而有拉大的趋势，"三农"问题已成为制约我国经济发展和社会进步的重要"瓶颈"。解决"三农"问题要从我国社会发展的实际出发，实行工业反哺农业、城市支持农村的方针，建立工农业协调发展、城乡协调发展的战略，推进城乡统筹发展。

2. 城乡统筹是全面建设小康社会的必然要求

党的十六大提出，"统筹城乡经济社会发展，建设现代农业，发展农村经济，增加农民收入，是全面建设小康社会的重大任务"。这是第一次在党的全国代表大会上从国民经济社会全局的角度提出城乡共同发展战略，开启了中国经济社会发展的新纪元。十七届三中全会做出的《关于推进农村改革发展若干重大问题的决定》，城乡共同发展战略的指导思想更加明确，"把建设社会主义新农村作为战略任务，

---

① 胡乃武等：《统筹城乡发展的战略思考与对策》，《理论前沿》2004 年第 6 期。

② 季建林：《统筹城乡就业建立市场导向就业机制》，《发展》2004 年第 8 期。

把走中国特色农业现代化道路作为基本方向，把加快形成城乡经济社会发展一体化作为根本要求"，并提出，"必须统筹城乡经济社会发展，始终把着力构建新型工农、城乡关系作为加快现代化的重大战略"。十七届五中全会通过的《中共中央关于制定国民经济和社会发展第十二个五年规划的建议》，在全面总结十六大以来科学发展、统筹城乡发展实践以及对中国未来发展趋势客观、准确判断的基础上，提出了"三化同步"，即"在工业化、城镇化深入发展中同步推进农业现代化"的战略思想，同时从现代农业发展、城乡基本公共服务均等化、农村社会事业发展、体制改革和制度建设等方面对加快形成城乡发展一体化格局进行规划部署。党的十八大提出，"推动城乡发展一体化"，强调工业化、城镇化、信息化和农业现代化"四化同步"协调发展。可以看出，从十六大提出"统筹城乡经济社会发展"，到十八大提出"推动城乡发展一体化"，体现了我国经济社会发展战略的进一步深化。因此，以科学的发展观为指导，采用城乡统筹的方法是解决"三农"问题的根本出路，是实现全面建设小康社会的正确方向。

3. 城乡统筹是逐步缩小乃至消除城乡差距的客观要求

合理的收入分配是社会公平正义的重要体现，是经济可持续发展的根本保证。中国社会当前"最不和谐的音符"就是日益扩大的城乡差距。逐步缩小乃至消除城乡差距，是建设社会主义新农村的首要目标，也理所当然是构建和谐社会的重大任务。改革开放以来，中国农业的现代化远远落后于工业化、城镇化，农村建设远远滞后于城市发展，城乡居民的收入差距呈现不断加大的趋势。在我国，农村居民的收入远远低于城镇居民，使得二者的消费水平也相差甚远。而农村居民的边际消费倾向大于城镇居民，因此提高农民的收入能有效提高国内消费，拉动内需，促进经济增长。要加大力度推进统筹城乡发展，推动资源要素向农村配置，逐步缩小城乡发展差距，加快推进城乡基本公共服务均等化，促进城乡要素平等交换和公共资源均衡配置，赋予农民更多财产权利，有序推进农业转移人口市民化，维护好农民合法权益，要在"收入倍增"中着力促进农民增收。

因此，走城乡统筹之路能缩小城乡差距，帮助农村经济的发展，提高农民收入，提高农民的消费水平，进而保持国民经济持续、快速、健康的发展。

4. 消除二元结构的现实需要推进了城乡统筹的发展

长期以来，城乡发展不仅存在结构"二元化"，发展的时空状态也呈"二元化"。实施城乡统筹工作，是加快建立改变城乡二元结构体制机制、探索建立构建和谐社会体制、探索东中西地区平衡发展的迫切需要。过去消除城乡二元结构存在的问题，一是偏向城市，忽视农村；二是旨在消除二元结构的办法不科学。但是二元结构矛盾却越来越严重，解决农村问题不能单单强调城市或农村的深化改革。统筹城乡发展是城乡二元结构转变的最有效途径，城市经济发展迅速，可以为更多的剩余劳动力解决就业问题，为农村经济发展提高更多的资金、技术和物质支持；农村经济的发展可以为城市发展提供更多的剩余产品，提供更广阔的消费市场，更多的高素质劳动力。但是城乡二元结构的存在阻碍了经济和社会资源向农村转移，阻碍了劳动力在城乡之间的自由流动和劳动力市场的发育，因此我们应该一方面让城市支持农村发展，为落后的农村服务；另一方面可以通过发展农村经济促进消费。① 张卓元认为从体制机制方面作为入手点，逼迫经济增长方式转变，提高经济增长的质量和效益。② 樊纲的研究结论是："这不是认识问题，不是管理问题，不是政策问题，也不是什么发展战略问题，而是体制问题，这个问题不解决，我国外延式发展的问题不可能

---

① 李德水：《加快转变经济增长方》，《求是》2005 年第 21 期。
② 张卓元：《深化改革，推进粗放型经济增长方式转变》，《经济研究》2005 年第 11 期。

根治。"① 刘国光等人认为，经济体制和运行机制因素相比发展观念、基本国情、经济发展阶段、科教水平和管理水平等因素来说，对经济增长方式制约性更大，这种制约性更为重要的体现在宏观层次的经济调控体系和调控手段上，而不仅仅反映在微观层次的企业经营机制上。②

事实上，早在 20 世纪 80 年代初，中央就明确提出转变经济增长方式的思想。"九五"计划提出了实现经济体制和经济增长方式两个根本性转变的战略任务，要求实现经济增长方式从粗放型向集约型转变。"十五"计划又提出经济结构战略性调整要取得明显成效、经济增长的质量和效益要显著提高。随着实践的推进，对转变经济增长方式的认识又有了新的提升。十六大以后，这一思想得到了进一步丰富和发展。2007 年召开的十七大把转变经济发展方式正式写入了党的报告，并经过在应对危机中不断丰富和完善，形成了内容丰富、博大精深的完整体系。十六届五中全会审议通过的《中共中央关于制定国民经济和社会发展第十一个五年规划的建议》，明确要求"十一五"期间要坚持的"六个必须"之一，就是必须坚持转变经济增长方式。十六届六中全会提出了"扎实促进经济又好又快发展"的新要求，把"又快又好"调整为"又好又快"。目前我国发展方式粗放的特征比较明显，发展效率总体不高，发展代价过高过大，发展的不平衡、不协调、不可持续矛盾仍十分突出，我国转变经济发展方式的任务仍然艰巨。尤其是国际金融危机发生以来，国际环境发生深刻复杂变化。国与国之间的竞争，从某种意义上说就是发展方式的竞争。要在更趋复杂的国际环境中趋利避害，在更加激烈的国际竞争中把握主动权，必须加快构建更具活力更富有竞争力的发展方式。从国内看，经济发展

① 樊纲：《渐进改革的政治经济学分析》，上海远东出版社，1996。
② 刘国光、沈立人：《中国经济的两个根本性转变》，上海远东出版社，1996。

内生条件发生新的变化，人口老龄化速度加快，劳动力低成本优势减弱，生产要素供给条件发生重大变化，能源资源约束更趋强化，潜在增长水平趋于下降，这些都对转变经济发展方式提出了更加紧迫的要求。要解决我国经济社会发展中的各种矛盾和问题，必须坚持加快转变经济发展方式。

我国经济正在向形态更高级、分工更复杂、结构更合理的阶段演化，经济发展进入新常态。正从高速增长转向中高速增长，经济发展方式正从规模速度型粗放增长转向质量效率型集约增长，经济结构正从增量扩能为主转向调整存量、做优增量并存的深度调整，经济发展动力正从传统增长点转向新的增长点。认识新常态，适应新常态，引领新常态，是当前和今后一个时期我国经济发展的大逻辑。新常态不仅体现在经济增长速度的提升方面，而且要促进中国经济发展方式转型，使得中国经济逐步向经济结构更加均衡、环境更加友好、收入分配更加包容、经济增长更具创造力、国际市场更具竞争力的新模式转变。

二 我国城乡分割的二元经济结构

（一）我国城乡二元化的现状

自 1978 年改革开放以来，我国的经济社会发展取得了巨大的成就，但是城乡二元结构问题并没有得到缓解，而且表现出愈演愈烈的趋势。由表 4-1 可以看出，我国城镇居民人均收入从 1978 年的 343.4 元提高到 2007 年的 13786.0 元，农村居民则从 133.6 元提高到 4140.0 元，绝对量确实有所增长，但城乡居民收入差距不但没有缩小，相反还进一步扩大了。

我国城乡居民收入差距的变化可以划分为两个阶段：第一个阶段是 1978~1985 年，城乡居民人均收入比值由 2.57 降到 1.86，城乡居民收入差距逐渐缩小；第二个阶段是 1986~2007 年，城乡居民人均收入比值由 2.12 上升到 3.33，城乡收入差距逐渐拉大。如果考虑到城镇居民享有的各种补贴如医疗、住房、社会保障福利、基础设施以及公共服务，实际上城乡居民收入差距将比统计数据还要大出许多。

根据刘易斯二元结构理论，发展中国家在经济发展过程中收入差距的扩大存在不可逆的趋势。但是据调查，中国的城乡收入差距不仅高于发达国家，也高于大多数的发展中国家。按国际一般情况，当经济发展水平在人均800～1000美元阶段，其他国家城镇居民收入大体上是农村居民收入的1.7倍，由表4-1可知，我国这一比例远高于其他国家。日趋强化的二元经济结构使得城乡差距拉大，限制了农村的发展，使城乡发展极为不平衡，因而要全面实现小康，建设和谐社会，关键在农村。因此，要从根本上解决"三农"问题，已经不是简单的加快农村发展问题，而是城乡统筹发展的问题，是城乡一体化的问题。

表 4-1　城乡居民人均收入比较

年份	人均国民收入（元）	城镇居民人均收入（元）	农村居民人均收入（元）	城镇居民人均收入与农村居民人均收入的比值
1978	180	343.4	133.6	2.57
1980	190	477.6	191.3	2.50
1985	290	739.1	397.6	1.86
1986	300	899.6	423.8	2.12
1987	290	1002.2	462.6	2.17
1988	290	1181.4	544.9	2.17
1989	290	1375.7	601.5	2.29
1990	310	1501.2	686.3	2.19
1991	340	1700.6	708.6	2.40
1992	370	2026.6	784.0	2.58
1993	410	2577.4	921.6	2.80
1994	460	3496.2	1221.0	2.86
1995	530	4283.0	1577.7	2.71

续表

年份	人均国民收入 （元）	城镇居民人均收入 （元）	农村居民人均收入 （元）	城镇居民人均 收入与农村居民 人均收入的比值
1996	650	4377.2	1926.1	2.27
1997	750	5160.3	2090.1	2.47
1998	790	5425.1	2162.0	2.51
1999	840	5854.0	2210.3	2.65
2000	930	6280.0	2253.4	2.79
2001	1000	6859.0	2366.4	2.90
2002	1100	7703.0	2476.0	3.11
2003	1270	8472.0	2622	3.23
2004	1500	9422.0	2936.0	3.21
2005	1740	10493.0	3255.0	3.22
2006	2010	11759.0	3587.0	3.28
2007	2410	13786.0	4140.0	3.33

资料来源：《中国统计年鉴》。

（二）城乡二元结构阻碍城镇化进程

城乡二元结构是指维持城市现代工业和农村传统农业的二元经济形态以及城市社会和农村社会相互分割的二元社会形态进行一系列制度安排所形成的制度结构。城乡二元结构使一个国家内存在现代城市与落后农村两个不同质的相互独立运行的社会单元。

新中国成立以来，城乡二元结构的形成可以分为以下几个阶段。

（1）1949～1957年。国家的经济工作重心由农村转移到城市，城乡关系的非均衡格局预示着城乡二元结构的初步形成。

（2）1958～1978年。1958年1月9日，第一届全国人大常委会第91次会议讨论通过了《中华人民共和国户口登记条例》，规定严格限制农村人口向城市流动的户籍管理制度，导致了城乡之间两种截然不同的资源配置制度和城乡居民两种具有不同社会身份的社群，促成了城乡结构的二元性和刚性，标志着城乡二元结构的形成，达到低水平制度的均衡状态。

（3）1978～1984年。是农村改革松动城乡二元结构阶段，家庭联产承包制形成了新的制度创新，城乡二元结构朝双方有利的方向演进，一方面丰富了市民的菜篮子，另一方面增加了农民收入，促使城乡二元结构产生了准"帕累托"型的改进。

（4）1985～1992年。这一阶段开始偏向城市导向型的改革，在一定程度上，这是以牺牲农民的利益来维护市民的利益，城市利益在城乡二元结构调整中重新占据主导地位，城乡二元结构的变化越来越不利于农民。

（5）1993～2001年。1993年，我国正式向市场经济转轨，虽然出台了减轻农民负担的政策，但由于并没有触及城乡二元结构的根本，成效不大。另外，在城市偏斜性政策惯性作用下，城市改革继续朝着有利于城市居民的方向发展，更由于市场机制的作用和城市的积聚效应，农村的各种生产要素向城市流入，严重制约了农业和农村经济的发展，两极分化越来越严重，城乡二元结构更加失衡。

（6）2002年至今。2002年我国加入世贸组织后，国内市场迅速开放，国际市场持续扩张，我国面临着前所未有的机遇和挑战，但是城乡二元结构却严重束缚着农村市场对国民经济增长的贡献力。由此，城乡二元结构的改变迎来了历史性的机遇，打破城乡二元结构，推进城乡一体化已成为经济社会一项重要的战略任务。

三　城乡统筹下的城镇化发展

（一）城镇化与城乡统筹之间的关系

城乡统筹是以城乡协调发展为目标，城镇化不仅是农村人口向城镇的聚集，还包括生活方式、文化教育以及思想观念等方面的融合。由此看来，即使一个国家或地区的城镇化程度很高之后，城镇化仍将继续进行。这就要求我们必须以城乡统筹为原则，赋予城镇和乡村平等的经济地位，公平对待城镇和乡村的发展需求。城乡统筹的实质是给城镇和农村以平等的发展机会，利于财政和转移支付的倾斜，帮助农村经济的发展，促进农村剩余劳动力向城镇的合理转移，逐步缩小城乡之间的差别。而城镇化就是指人口不断从农村向城镇转移、集聚，第一产业的劳动力不断转移到第二、第三产业中去，使城镇人口和城镇数量不断增加，城镇规模不断扩大的一种过程。可见，城镇化就是解决城乡统筹提出的目标，要实行城乡统筹就必须走城镇化道路。城镇化建设能够促进城乡之间各种资源和要素的合理流动，不断发挥城镇对乡村的带动和辐射作用，在城乡之间形成一种优势互补、双向互动的经济关系，使城乡经济社会实现均衡、持续、协调的发展。

（二）国外城镇化研究概述

西方国家城镇化的实践基本上都先于我国，国外学者对城镇化的研究涵盖很多方面，可资借鉴的研究主要集中在对城市化作用的认识、城市化与工业化的关系及规律、城市人口的扩张和发展中国家的过度城市化上。

诺贝尔经济学奖得主库兹涅茨（1989）将城市化定义为："城市和乡村之间的人口分布方式的变化。"对于城市化的作用，国外学术界一直存在乐观论与悲观论两种观点。20世纪五六十年代，以刘易斯为代表的发展经济学家认为，农村剩余劳动力从低生产率的农业部门转移到高生产率的城市工业部门，不仅可以促进资本积累和经济增长，而且劳动力转移出去以后，还会促使传统农业部门劳动与土地的比率发生有利的变化，从而有利于引进更现代和资本密集型的农业技术，促进现代观念和制度向传统农村地区扩散（Lewis，1954）。因此，城市化是从传统社会向现代化社会转变过程中经济发展的必然结果，城市化最终会带动整个国家迈向现代化（Hudson，1969；Pederson，1970）。

然而，到了20世纪七八十年代，随着许多发展中国家城市化进程中出现了严重的"城市病"和"城市危机"，许多学者包括世界银行等国际组织的发展经济学家对欠发达地区城市化的效果产生了悲观的看法。迈克尔·利普顿就把城市偏向政策看作发展中国家持续贫困的主要原因（Lipton，1977）。发展中国家城市偏向政策导致城市和乡村部门间存在不平等交换的机制，乡村为城市提供大量的廉价食品、原材料和劳动力，政府却把有限的资源以生活补贴的形式投资于城市居民，从而错误地配置了资源，扩大了城市与农村之间的鸿沟，给社会经济发展造成危害。

进入 20 世纪 90 年代，许多国际性组织如世界银行和亚洲开发银行的经济学家对城市化又有了新的看法。亚洲开发银行、世界银行的报告（The Asian Development Bank，1996；The World Bank，2000）认为，由于城市化具有产业聚集效应，可以获得巨大的效益，城市地区成为经济持续增长的发动机。

城市化提高的过程就是城市扩张的过程。城市的扩张主要有 3 个来源：农村人口的净迁移、城市人口的净增长以及行政建制的再划分。一项对于第三世界国家 16 个大城市在 20 世纪 50 ~ 70 年代人口增长的研究表明，迁入人口在城市人口的增加中扮演着关键角色，其贡献的范围为 33% ~ 76%，平均为 58%。但马扎达尔引用世界银行一项对 29 个发展中国家的研究结果得出的结论却与之相左，他认为自然增长在城市人口上升中的贡献约为 60%，另有 8% ~ 15% 为行政建制改变的作用，而迁移的作用仅为 20% ~ 30%。结论相差之大，对此可能的解释是，不同国家、不同规模的城市在城市扩张的来源上途径有所不同。而威廉姆逊的另一项研究看起来更合理，他指出，迁移的贡献和自然增长的贡献呈负相关，在城市化发展的初期，迁移的作用相对比较重要；而在后期，当城市化达到一定的水平，则以自然增长为主。[1]

---

[1]　何阳仲：《城乡统筹的成都实践与探索》，中共中央党校出版社，2010。

（三）国内城镇化研究概述

我国长期以来实行的是计划经济，即使是改革开放以来的 30 年，仍带有较深的计划经济烙印。我国的工业化进程并没有像发达国家那样极大地推进城市化进程，反而出现城市化严重滞后于工业化的情形。我国学者关于城市化的研究，主要包括城镇化的内涵、城镇化进程、城镇化滞后的负面影响和原因等诸多方面。

（1）在城镇化概念方面。建设部（1998）最早对于城镇化的定义是指人类生产和生活方式由乡村型向城市型转化的历史过程，表现为由乡村人口向城镇人口转化以及城市不断发展和完善的过程；[1] 胡序威（2000）认为，城市化的内涵是当农村劳动力和农村人口转移，即从农村劳动力由第一产业向第二、第三产业的就业转移和农村人口向城镇的空间转移时，会进一步地要求城市文明、城市意识在内的城市生活方式的传播。[2]

（2）在城镇化动力机制方面。崔功豪和马润潮（1999）认为乡镇企业发展、劳动力转化和小城镇建设构成自下而上城镇化的实质内容，影响着三者产生、发展、变化的决定性因素是政策、资金和地方社会政府的作用，而农民群体和区外力量也有重要的启动作用；宁登（2000）从转型时代、经济结构性的变化、全球化与区域化、交易革命与生产体制变革、新的区域性城市空间等方面对城镇化的动力机制进行了探讨。[3]

此外，还有很多学者从不同的方面进行研究。夏小林和王小鲁（2000）对城镇化滞后的负面影响进行了深入研究，认为其直接影响市场容量的扩大，影响投资的增长，进而影响经济的可持续发展，同

---

[1] 胡序威：《论城镇化的概念内涵和规律性》，《城市与区域规划研究》2008 年第 6 期。
[2] 白志礼：《重庆市城镇化发展的理论与实践》，科学出版社，2010。
[3] 白志礼：《重庆市城镇化发展的理论与实践》，科学出版社，2010。

时妨碍第三产业的发展；孙永正（2003）深入研究了城镇化滞后的原因，认为我国长期不合理的户籍管理制度是城市化滞后的根本原因；李文（2001）则认为我国的工业化是以资本密集型的重工业为主导的，就业弹性低，工业化推动城市化的国际经验在中国没有得到有力的印证。[1]

四　成都和重庆是全国城乡统筹试验的样本

（一）选择成都和重庆作为城乡统筹发展试验区的依据

1. 协调东、中、西部发展的大背景

按照经济技术发展水平和地理位置相结合原则，我国被划分为东、中、西部三大地区，东部地区包括北京、天津、河北、辽宁、上海、江苏、浙江、福建、山东、广东和海南 11 个省、直辖市；西部地区包括四川、重庆、云南、贵州、西藏、甘肃、陕西、青海、宁夏、新疆、广西、内蒙古 12 个省、自治区、直辖市；中部地区包括山西、吉林、黑龙江、安徽、江西、河南、湖北、湖南 8 个省。1978 年，东部地区 GDP 占全国 GDP 的比重为 52.5%，中部地区为 30.7%，西部地区为 16.8%，西部地区分别比东部和中部地区低 35.7 和 13.9 个百分点；2001 年，东部地区 GDP 占全国 GDP 的比重为 59.5%，中部地区为 26.9%，西部地区为 13.6%，西部地区分别比东部和中部地区低 45.9 和 13.3 个百分点，由此可见，西部地区 GDP 所占份额总体上呈不断下降的趋势，而东部地区则呈现出明显的上升趋势，东、西部发展的不平衡加剧。因此，加快西部地区的发展已经成为和谐社会的必然要求。

但从人均 GDP 来看，我国经济社会所取得的成绩不容忽视，无论是全国人均 GDP 还是东、西部地区人均 GDP 都保持持续上升状态。但是不可否认，东、西部人均 GDP 的差额一直在上升，由 1990 年的

---

① 白志礼：《重庆市城镇化发展的理论与实践》，科学出版社，2010。

11170.1 元变为 2000 年的 6162.0 元。2000 年以来，国家开始实施西部大开发计划，国家对西部投入和支持的力度不断加大，但是人均 GDP 东西部差额却由 2000 年的 6162.0 元增加到 11664.0 元，这表明西部地区与中东部地区的差距不仅没有缩小，反而一直在扩大。①

西部地区地域辽阔，内部各地区之间的经济发展不平衡，其中大部分是少数民族聚居区、边疆地区和贫困地区，农村经济底子薄，农业"造血"功能差，加之工业反哺农业和城市支持农村的能力有限，脆弱的生态环境、严重的二元结构制约其发展步伐，因此单纯依靠复制东部地区的高资本投入和城市化模式并不能解决区域经济发展问题。基于此，探索在西部地区建设社会主义新农村，统筹城乡发展，同时利用某些地区的优势走城市化带动策略的历史重任，就落在了具备良好条件的成都和重庆试验区。

（二）成都和重庆试验区是城乡统筹发展的天然试验场

成都和重庆是西部地区中最具有影响力的两个城市，地处中国西部的核心地带，是西部地区开发历史最悠久、经济最发达、人口最稠密、城市最密集、科技文化实力最强大、最具有发展潜力的经济区。但是，成渝试验区农业人口比重大，二元结构明显。成渝试验区总面积为 20 多万平方公里，占四川、重庆两省、市总面积的 35% 左右，总人口为 9898.09 万人，占四川、重庆两省、市总人口的 85.41%，其中农业人口 7785.56 万人，占成渝总人口的 67.18%。

成都市位于西部富庶的川西平原，至 2000 年居住在城镇的人口为 601.34 万人，占总人口的 53.48%；居住乡村的人口为 523.08 万人，占总人口数的 46.52%。同 1990 年第四次人口普查相比，城镇人口的比重上升了 14.7 个百分点。2010 年第六次人口普查同第五次人口普查相比，城镇人口增加 318.92 万人，乡村人口减少 38.58 万人，城镇

_____

① 国家统计局网站。

人口比重上升 12.03 个百分点。成都市城镇人口的比重在不断上升，高于全国平均水平，但是大大低于"珠三角"和"长三角"的上海、深圳等地。

重庆市位于中国的西南部，至 2000 年第五次全国人口普查，重庆市总人口 3090.45 万人，其中农业人口为 2067.67 万人，占人口总数的 66.91%；2004 年年底，全市户籍人口为 3144.23 万人，其中居住在城镇的人口为 1205.7 万人，农村常住人口为 1565.28 万人；在 2010 年第六次人口普查中，全市常住人口 2884.62 万人。重庆市既是大城市，又有广大的农村腹地，大城市与大农村并存，呈现明显的城乡二元结构。

2001 ~ 2005 年，重庆市经济迅速发展，2001 年 GDP 为 1749.77 亿元，2005 年为 3070.49 亿元，同比增长 75.8%。在这 5 年时间中，大城市与大农村年均增长速度在 11% 左右。大城市地区产值占重庆市整个总产值的份额一直保持持续上升，但是大农村地区产值所占的份额却在下降，2001 年，大城市所占份额是大农村所占份额的 1.78 倍，但到了 2005 年是 1.81 倍。由上述数字可以看出，二元经济的矛盾没有因经济的高速发展而改变，城乡收入差距有进一步扩大的趋势。

成都和重庆的"小马拉大车""大马拉小车"模式都明显地反映出城乡发展不平衡，城乡二元结构矛盾突出。若要在西部地区开展城乡统筹建设，那么接近重庆的地方可以参照重庆模式推进，接近成都的可以参照成都模式推进，从而使成都和重庆成为天然的试验场。

（三）成都和重庆试验区是构建和谐社会的需要

社会结构是社会和谐的保证，中国的社会结构存在两种独立体系，一个是由市民组成的城市社会，另一个则是由农民构成的农村社会，这种二元社会结构以二元户籍制度为核心，包括二元就业制度、二元福利保障制度、二元教育制度、二元公共事业投入制度在内的一系列社会制度体系。

长期的城乡二元结构使农民和市民一直处于冲突和对立状态，突出表现为市民对农民的歧视以及农民对市民的厌恶。而这种归属的不一致在某种程度上又会导致农民很难在城市空间中将自己的社会关系网络纳入市民的关系网络中去，从而很难在城市中积累自身的社会资本，更无法利用社会资本来寻求更好的工作。这种结构的存在就是阶层关系的分布问题，这种不合理的分布，从根本上影响着阶层间的协调关系，影响着社会和谐的实现。

建设全国统筹城乡综合配套改革试验区和建设和谐社会目的的一致性是毋庸置疑的。二者的区别在于，建设和谐社会是一项长期的任务，而试验区建设是阶段性的，是和谐社会的试验田、先行者。东、西部不可持续发展的问题越来越突出，正视和努力缩小东、西部差距是全面构建和谐社会中不可忽视的重要问题。东、西部的差距首先体现为制度上的差异，然后是经济上的差异，西部地区严重的二元结构制约着其经济的发展。因此，要全面建设社会主义和谐社会，必须采取强有力的措施，消除东、西部差距，破解二元结构等不和谐因素，才能真正实现发展为了人民，发展依靠人民，发展成果由人民共享的目的。

西部地区发展相对缓慢，要实现城乡统筹发展，推进现代化进程，并非易事。这时候是"摸着石头过河"，没有已经成熟的经验供西部地区选择，即使能借鉴比较成功的东部地区经验，但是东、西部地区优劣势存在的很大差异导致西部也不能全盘复制，因而需要我国在西部地区找出样本进行试验，成功后再在西部推广，甚至在东、中部其他有相似特征的地区推广，以解决全国的城乡差距问题。

（四）成都和重庆试验区改革成功的标志

2011 年，重庆市 GDP 达到 10011.13 亿元，同比增长 16.4%，位居中国内地城市第七，尤其是在城市成长竞争力排名中，仅次于天津，位居全国第二。重庆和成都于 2007 年 6 月，由国务院批准并确定为全国统筹城乡综合改革配套试验区，成为上海浦东新区和天津滨海新区之后我国第 3 个综合配套改革试验区。

成都通过深入推进农村产权制度和农业农村投融资体制改革，加快统筹城乡就业、社会保障、公共服务和交通物流体系的一体化进程。在农村产权制度改革方面，一是向承担耕地保护的农民据实发放耕保金。二是基本完成农村产权确认并颁证。全市基本完成村组集体土地所有证、农村土地承包经营权证、集体土地使用证、农村房屋所有权证的颁证工作。三是促进农村产权流转。成都依托农村产权交易所等有形市场，开展土地承包经营权、林权、集体建设使用权、房屋所有权的流转服务，制订了农村产权流转配套方法、交易规则、交易流程，基本建立了产权交易市场规则，保证了农村产权的有序流转。

在农业农村投融资体制改革方面，一是扩大农村抵押担保物范围，促进农村产权直接向金融机构质押、抵押融资，出台了《成都市农村产权抵押融资总体方案》以及配套的《成都市集体建设用地使用权抵押融资管理办法（试行）》《成都市农村房屋抵押融资管理办法（试行）》《成都市农村土地承包经营权抵押融资管理办法（试行）》；二是加快发展农业农村保险，开展农村小额人身保险试点，进一步扩大政策性农业保险覆盖面，新增油菜为政策性农业保险品种；三是农村金融服务体系进一步健全，出台了《关于进一步推进我市农村信用体系建设的意见》，农村信用环境进一步改善。

从2003年开始，成都市探索并实施了以推进城乡一体化为核心，以规范化服务型政府建设和基层民主政治建设为保障的城乡统筹、"四位一体"科学发展总体战略，创造性地实施了以"三个集中"为核心的城乡一体化发展战略，即强力推进工业向集中发展区集中，走新型工业化道路；稳步推进土地向规模经营集中，走农业产业化道路；梯度引导农民向城镇集中，走新型城镇化道路。

重庆则着重在推进建立圈翼互动机制，创新解决农民工问题工作机制以及推进土地制度创新3个方面进行改革试验。

首先，以区域协调发展为指向推进建立圈翼互动机制。一是强化规划在统筹城乡发展中的引导作用，调整规划管理分工，建立城乡统一的规划工作体制。重庆借新一轮国土规划获得批准，结合主体功能区和6个区县"四规叠合"试点，正式发布了对各区县"十二五"产业定位、开发强度的指导意见。二是圈翼帮扶继续深化。重庆启动了以城带乡万名干部驻村、万名大学生"村官"、万名专业技术人才的支农、支教、支医"乡村人才计划"。三是推动城市资源下乡发展。重庆出台优惠扶持政策，引导城市工商资本下乡，促进乡村繁荣。

其次，以城镇化加快推进为指向，创新解决农民工问题工作机制。一是着力建设农村就业服务体系。重庆市大力建设总部在重庆的"全国劳动电子商务平台"，创建农民劳务品牌，启动首批20个市级农民工返乡创业园建设，加强农民工就业动态监测和培训。二是不断加强和改进对农民工的服务，扩大农民工养老保险和大病医疗保险参保面。三是基本消除城乡社会保障制度空白。继农民工社会保障制度之后，重庆又专门针对被征地农转非人员、城镇超龄就业人员、库区淹没农转非移民等特殊群体出台养老保险参保办法，在15个区县开展城乡社会养老保险试点，"一个平台、两套标准、城乡统筹"的城乡居民合作医疗保险全面铺开，同时，城镇社会保障扩面加速。四是以均等化为目标提升城乡公共服务水平。

最后，以城乡土地市场逐步一体化为核心推进土地制度创新。一是深化农村土地流转和林权改革。以重庆农村土地交易所为主体，县乡村土地流转服务机构基本实现全覆盖，规范以土地入股设立专业合作社，加快完成集体林权改革确权任务。二是稳妥推进农村建设用地改革。农村土地交易所稳步开展交易；政府结合地票交易和农民集中居住区、巴渝新居等建设，大力实施土地整治工程。三是加强新农村建设。政府抓好市级中心镇公共服务设施配套建设，建成"万村千乡市场工程"，实现商贸综合服务网点全覆盖。

五　成都和重庆试验区对于全国其他区域破解二元结构的启示

（一）改革城乡分割的户籍制度

1. 深化户籍制度改革

具体包括以下措施：取消农村户口落户城市的种种"门槛"，确认居民自有迁徙、择业和居住的权利，按照实际居住地划分城镇和农村人口，以职业划分农业和非农业人口，强化身份证管理功能，实现对流动人口的动态管理，为流动到城市的农民工创造与市民平等的生存发展条件。

2. 推进相关配套设施改革

在深化户籍制度改革的同时，政府必须进行相关的配套改革，其中最主要的是城镇住房制度改革。农民从农村转移出来后，住房成为最需要解决的问题。首先，要对买得起房的人在买房数量上进行控制，同时调控和统筹买不起房的农村人口，推出优惠政策，要让从农村转移出来的人口也有房可住。

（二）统筹城乡社会事业发展

1. 统筹城乡教育发展

（1）统筹城乡教育发展，推进城乡教育一体化。具体内容包括：增加农民受教育机会，提高农民知识水平，真正实现农民向城市的转移；从子女受教育角度看，在实现户籍制度改革的基础上，要让农民子女进城求学，国家给予因离家上学而增加的学费、住宿费、生活费、交通费等补贴，此举也可以让城乡子女与农民子女进行更多的接触，互相学习；从农民受教育角度看，主要是加强农民生产技术培训，以自身的技能推动农业的发展，少部分具有文化知识的农民可以进一步学习如何将科学技术运用到农业之中，作为农业发展的支柱，实现农业的持续稳发展。

（2）加强教育资源分配制度的公平性。从教育资源初次分配制度看，长期以来，由于教育资源城乡分割的分配制度造成了城乡在教育资源上存在很大的差异，导致城乡教育机会严重不平等，出现了严重的教育失衡问题。在这样的情况下，我们必须加强教育资源二次分配的公平性，政府部门应该使教育资源流向农村，缩小城乡间的教育差距。

（3）改变城乡教师工资结构性制度差异。教师资源与其他资源相比，流动成本低，具有较强的流动性。若从物质稀缺性方面考虑，教师资源现在应该向农村流动，但是现在的实际情况却是由农村往城镇单向流动，这进一步加剧了城乡师资不平衡，使教育制度更加不合理。为此，政府应该采取鼓励措施，最重要的就是改变城乡工资结构性制度差异，提高教师的福利水平，使教师资源达到效用最大化。另外，有关部门还应增加乡村教师到高等院校学习、进修和培训的机会，使教育思想和教育观念紧跟时代步伐。

2. 尽可能地提供平等的福利水平

（1）实现全国范围内基本公共服务的均等化和公平化。目前，我国对农村公共产品供给的投入尚显不足，农村公共服务基础薄弱，现有的农村公共产品不能满足农村居民的需要，政府应该把公共财政、社会资源更多地用于农村公共产品的供给，改变城乡公共服务不均等的困境，使农村居民享受到更多的福利待遇，力求达到"学有所教，劳有所得，病有所医，老有所养，住有所居"。

（2）改善农村基础设施。农村基础设施是农业和农村经济赖以发展的"先行资本"，但由于长期以来不受重视，使得农业基础设施建设滞后，因而不能适应农业和农村经济发展，成为增加农民收入的一个"瓶颈"。因此，政府应加大对农业和农村基础设施的投入力度，改善农村、农业和农民的生产、生活条件。

（三）妥善解决失地农民就业问题

1. 加大对农业的支持力度

中国农业 GDP 的比重仅占全国 GDP 的 15%，却要养活 70% 的农业人口。因此，我国必须加大对农业的支持力度，加大财政支农资金，调整农业补贴，及时出台各种对农民收入直接支付的办法，增加农民收入；将高科技融入农业产业结构调整中，实现农业持续稳定发展，长期确保农产品的有效供给。

2. 将失地农民纳入城镇社保范围

对于因政府建设征地而失去土地的农民，政府必须做好农民的社会保障工作。具体措施包括以下方面：加强农村就业信息网络建设，建立失地农民就业培训基金，就业培训基金可从土地征用款项与集体资产积累中按一定比例提取，政府也应给予一定的财政支持；强化失地农民的职业培训，积极开发城镇社区服务岗位，由政府出资购买部分保洁、保绿等公益性岗位，协调有关企业提供就业岗位，帮助失地农民再就业，提高失地农民的就业率。

3. 改变"重城轻农"的观念，促进国民公平

从农村发展来看，我国应破除城乡分割的体制性障碍，改变优先发展城市，农村为城市服务的观念。过去，国家政策给予城镇居民较高的社会福利，把城市和农村分开对待，城市优先已经表现在方方面面，导致城乡地位不平衡。现在，我们要打破这种传统的观念，将农村和城市摆在同样重要的位置，加快农村的发展步伐，甚至有时城市要服务农村。

从农民自身来说，人们的思想观念中还程度不同地存在着重城市、轻农村的意识，因而我们要加快发展农村教育。由于我国农村教育的整体发展水平低，导致对农民的教育非常匮乏，观念落后不能跟上时代步伐。政府应鼓励农民进城居住和就业，实现城乡居民的良性互动，冲破以往条条框框的束缚，逐渐改变城市居民观念中与生俱来的优越性。农民更不能妄自菲薄，认为自己是低人一等的，要强化农民是主体，要充分调动广大农民群众的积极性，增强通过自己的辛勤劳动来改变农村面貌，创造自己幸福生活的意识。

第五章　"两型社会"实践与可持续发展的制度创新：基于长株潭城市群和武汉城市圈的探索

　　改革开放 30 多年以来，我国经济获得了高速增长，工业化和城市化快速推进，城乡建设大规模开展，各个领域都取得了傲人的成绩。但改革到了今天，我国经济社会已进入了"黄金发展期"和"矛盾凸显期"复杂交织的新阶段，实现全面、和谐、可持续的科学发展是当务之急。

　　我国在 20 世纪 80~90 年代进行了两轮城市综合配套改革试点工作（实验），探索了计划体制向市场经济体制转轨的改革道路。改革开放以来，在经济快速发展的同时，传统经济增长方式与民生问题、生态环境问题以及社会秩序问题之间的矛盾也逐渐凸显，科学发展与社会和谐成为改革发展的主题。[①] 在这样的背景下，我国开始了第三轮城市综合配套改革试点，即 2005 年以来的"国家综合配套改革试验区"的设置与试验。武汉城市圈和长株潭城市群两个"全国资源节约

---

　　① 刘昌用：《国家综合配套改革试验研究文献综述》，《重庆大学学报》（社会科学版）2008 年第 6 期，第 19~23 页。

型和环境友好型社会建设综合配套改革试验区"在 2007 年 12 月正式设立。

一 "两型社会"制度创新

进入改革攻坚阶段，我国经济发展迅速，国际化水平和市场化水平不断提高，人民生活水平大幅提升，但是社会矛盾也比较突出，经济结构调整带来了失业、贫富差距、城乡二元结构、经济发展中的资源约束、可持续发展、经济发展方式转型等问题。综合配套改革试验区正是针对这些问题而进行分门别类的试验，以促进这些方面的改革。国家综合配套改革试验区是在全球化和区域一体化的推动下所进行的新一轮中国体制的改革和创新。中部地区也和东部地区一样具有创新的动力和机制，并且具有强烈的发展愿望和冲动，而东部经验在中部地区是无法得到复制的，所以更迫切地需要通过试点来创造一个中部模式。

首先，在中部设立"两型社会"试验区，通过制度创新来推进实验，能够形成区域创新的增长极，从而带动中部地区加快发展速度。经过 30 多年改革开放的实践后，国内按经济发展水平划分已经出现了 4 个层次：以北京、上海、深圳为代表的城市，已经接近发达国家收入水平；以广东、江苏、浙江为代表的省区，已经超过世界平均收入水平；中部各个省区只达到发展中国家收入水平；西藏、贵州等省、自治区，仍然还属于贫困省份。改革开放进程中，区域经济的发展，不仅已经形成了需要通过下一步的发展来加以平衡的差异，更是形成了不同的增长极和区域中心。我国今后发展过程中必须加以解决的问题之一就是如何有效地发挥这些区域中心的带动和示范效应。

在全国发掘和形成一批新的区域创新增长极，带动整个地区政治、经济、文化和社会事业的快速发展，是综合配套改革试验区的目的之一。目前，中部地区得到了一定的发展，有效地减缓了地区差距扩大的趋势，但是东部地区与中部地区的绝对差距还是越来越大。因此，在中部地区的重点城市建设试验区形成新的增长极，就显得十分必要，它可以有效推动中部地区加快发展，进一步缩小地区之间的差距，有利于推动和谐社会的建设。

其次，为中部地区的崛起寻找新的突破点。促进中部地区的崛起，最重要的是为中部地区提供先进政策上的支持，显然，中部地区崛起的一个新突破口，就是在中部地区建设国家综合配套改革试验区。因此，按照区域协调发展原则和区域经济合理补偿的原则，在中部地区安排建设一个国家综合配套改革试验区，是十分必要而且合理的。

最后，为中部地区的改革和发展寻求适合中部地区的区域发展模式和发展经验。东、中部地区的资源禀赋条件不同，且政治和经济的大环境也是瞬息万变。因此，中部地区的发展绝对不能照搬东部模式。中部地区的改革与发展道路有着自己独特的特点，包括工业化、城市化以及国家化的推进，在转变政府职能，经济体制转轨，建设统一的市场，开展区域之间经济合作，改善投资环境等各方面，东部地区的发展模式与经验并不完全适用于中部地区。因此，政府允许中部地区尝试创造符合自己特点的发展模式，以带动整个中部地区的发展。我们要想总结出在全国通用的下一步对外开放和制度创新综合配套改革模式，就必须通过在中部地区选择有特色的区域先行先试，以创造一个改革创新的中部模式。①

在中部地区建设综合配套改革试验区，促进中部崛起，能缩小东、中、西部地区区域之间的差距，使各地区获得均衡、协调的发展，推进和谐社会的构建。历经30多年的改革开放，随着经济社会的不断发展，区域差距日益成为最受关注的社会矛盾之一，新时期我国经济社

---

① 李春洋：《中部地区建设国家综合配套改革试验区的战略意义》，《开放导报》2007年第2期，第17~20页。

会发展面临的严峻挑战之一就是抑制地区差距扩大的趋势。促进中部崛起，既可以为东部地区发展提供广阔的市场腹地，又可以促进西部开发，呼应东部的津沪和西部的成渝改革试验区，形成东、西、中部互动，优势互补，互相促进，协调发展的新局面。促进中部地区的崛起，最关键的是需要一个公平的政策环境，让中部地区在这一轮市场经济体制改革试点中也搭上政策的快车，这对中部地区来说是十分重要的。

"两型社会"试验区的综合配套改革，强调通过制度来累积创新，建立起使经济发展要素及其制度基础均衡匹配的长效制度变迁机制，促进发展方式向集约化发展，更强调经济增长质量和经济社会发展与资源环境之间的和谐关系。针对中部地区的特点，该试验区的重点发展方向是使整个资源配置趋向最优化，重点是改变经济增长的资源环境代价过大问题，实现资源的有效利用和对环境的保护，改变经济增长过于依靠要素投入，过于依靠第二产业带动，过于依赖投资及出口需求等经济增长粗放问题。资源节约型和环境友好型社会的建设要求全面推进各个领域的改革，在重点领域及关键环节率先突破，大胆创新，尽快形成有利于资源节约和生态环境保护的体制机制，加快转变经济增长方式，推进经济社会的发展与人口、资源、环境相协调，走出一条与传统模式不同的工业化、城市化发展的新道路，推动全国体制改革，为构建和谐社会发挥示范带头作用。

资源节约、环境友好以及生态安全是"两型社会"试验区改革试验的基本取向，也是不同于东、西部试验区的重点所在。从全国范围来看，土地、淡水、能源、矿产资源以及环境状况已经严重制约我国经济的进一步高速发展，节约资源、保护环境已经上升到我国基本国策的层次。我国改革开放30多年来的高速发展，在很大程度上依赖于粗放型的经济增长方式，工业化进程中的高能耗、高物耗、高污染、低附加值，即"三高一低"问题，使我国在资源、环境以及生态方面付出了巨大的代价，使我国经济的快速增长难以为继。国家批准的6个改革试验区都被要求推进综合改革，但是每个试验区的功能和目标的重点却明显不同。最后批准成立的武汉城市圈和长株潭城市群试验区，在目标和功能定位上既有综合性，也有其独特的创新主题（即"两型社会"）。长株潭城市群和武汉城市圈是以资源节约型、环境友好型社会建设的体制机制为核心的综合配套改革试验区，应该探索和完善社会主义市场经济体制的各个方面，包括对内、对外开放体制机制的创新（类似滨海新区），配套推进行政管理体制机制的创新（类似浦东新区），推进财税金融的创新，重点推进统筹城乡发展体制机制的创新（类似成、渝新区），等等，但是构建并形成资源节约、环境友好及生态安全方面的体制机制是自己的重点，并且处于优先和影响全局的地位。①"两型社会"的建设，尤其是创新资源节约、环境友好及生态安全的体制机制，是一项崭新的课题，没有比较成熟或比较成功的经验可以借鉴。

二 武汉城市圈、长株潭城市群案例分析

（一）武汉城市圈案例分析

武汉城市圈是以武汉为中心，由武汉以及周边几个城市组成的一个经济联合体，主要指武汉以及在其100公里半径内的黄石、孝感、鄂州、黄冈、咸宁、潜江、天门、仙桃等城市构成的城市圈。

1. 近年来武汉城市圈的良好发展

武汉是中部增长极的中心城市，经济规模大，产业结构水平也较高，高新技术产业发展迅速，人口总量多，区位优势独特，市场优势明显，城市圈综合实力较强，能对整个中部地区起到较强的聚集和辐

---

① 陈文科：《武汉城市圈"两型社会"改革试验的若干问题》，《学习与实践》2010 年第 2 期，第 128 ~ 134 页。

射作用。近年来，武汉城市圈的经济形势逐步向好，发展方式转变加快，经济结构进一步优化，产业集群发展态势明显，资源节约、环境友好的体制机制正在逐步建立，圈域一体化发展迈出了实质性步伐，半小时、一小时交通圈已经形成，市场联系更加紧密，破除行政壁垒的改革加快推进，圈域城市融合发展态势开始显现。

武汉城市圈自2007年12月被国务院正式批准为"两型社会"综合配套改革试验区以来，武汉城市圈综合改革区有针对性和重点地编制了空间布局、产业发展、交通网络建设等5个专项规划，同时还制定了6个相关配套的支持政策，并提出了一系列关于产业转移、资源共享、现代商业经营、快速通道建设等方面的具体执行方案。经过两年的综合配套改革后，武汉城市圈已经在一些关键环节和重点领域取得了重大突破，集中体现在资源节约、环境保护、完善基础设施以及科技创新等九大领域，并相继开展了青山—阳逻—鄂州循环经济示范区、排污权市场交易改革和大东湖生态工程等工作。

在产业发展方面，武汉城市圈重点推进了"两型"技术创新试点、产业集群试点、产业园区试点等工作，相关的投资项目已经启动将近200项，覆盖了"两型"产业、循环经济、圈域一体化、低碳发展等各个方面。其中武汉新港、保税物流中心、城际铁路、临空经济区等项目已经初具规模。

在现代金融建设方面，武汉城市圈成立了湖北联合发展投资公司，搭建了统一的资金融通平台，将整个区域内的基础设施、低碳环保、高新技术等产业纳入了同一个框架。整个城市圈内部的交通一体化迅速发展，高速公路、城际铁路、公交体系等都逐渐开建，已经初步形成"1小时经济圈"。

在产业双向转移方面，武汉城市圈已经逐步形成了向武汉集中、朝外围扩散的产业转移格局。武汉经济技术开发区、东湖高新技术开发区等园区纷纷在外市设立"园外园"，并且探索了相关的利益协调、税收共享机制等。①

在社会事业建设方面，在出台了《关于建立武汉城市圈社会事业资源联动共享体系，促进公共服务均等化的指导意见》后，城市圈内部的教育、科技、社会保障、医疗卫生等资源实现了共享，整个试验区内公共服务的均等化配置得到了极大的推进。

武汉城市圈是我国设立的第一个以"两型社会"为主体的综合配套改革试验区，经过几年的努力试验，基本实现了基础设施、产业布局、环境保护等5个方面的一体化发展，在改革和开发领域提升了整个区域的新优势，为调整下一阶段产业结构两型化奠定了较好的基础。

2. 武汉城市圈"两型社会"建设的制度创新

武汉城市圈把体制机制创新作为推进"两型社会"建设的根本动力，积极开展先行先试，实施重点突破。

（1）以发展循环经济为重点，创新资源节约体制机制。武汉城市圈内各市均启动了循环经济示范区建设，探索实现循环经济发展的新模式；积极推进资源综合利用试点工作，在钢铁、建材、有色金属、电力、化工等重点行业着力推行清洁生产和废弃物综合利用；武汉市大力推广和应用建筑节能省环保新技术示范试点，基本完成了绿色建筑系统标准的制定，启动了《武汉市实施〈中华人民共和国循环经济促进法〉办法》立法调研。

（2）以水生态治理为重点，创新环境保护体制机制。武汉城市圈内的9市从环境保护、水生态修复、污染物减排等方面探索创新环境保护体制。省环保厅加快推进环保监督管理体制改革，筹划设立了武汉城市圈圈域环保督查中心，建立和完善了城市圈建设"两型社会"总量减排统计、监测和考核指标体系，启动建设了环境监测预警体系和环境执法监督体系。其中，孝感市重点推进了水生态修复和环保监

---

① 于畅：《国家综合配套改革试验区制度创新研究》，辽宁大学博士论文，2011。

督管理体制改革；黄冈市建立了总量减排联席会议制、目标责任制、考核评估制、问责制、检查制的"五制联动"制度，节能减排取得了明显成效；天门市进一步推进总量减排，严格执行环境影响评价和环境保护"三同时"制度。

（3）以"两型"化改造为重点，创新产业结构优化升级的体制机制。武汉城市圈内各市强化政策的引导，设立"两型社会"建设激励性转移支付、产业集群建设激励性转移支付、节能以及淘汰落后产能专项资金，支持产业资源向"两型"产业、优势产业以及优势地区聚集，健全落后产能的推出机制。9市加快在新兴产业、现代服务业、低碳产业、节能环保产业等方面的体制机制创新。其口，武汉市出台促进环保产业发展的政策，制订了环保产业发展规划方案；黄石市在新项目的引进上建立了产业准入、扶持机制、严格实施项目限批制度，明确单独供地项目必须符合"两型"产业的要求。

（4）以城乡一体化发展为重点，创新统筹城乡发展的体制机制。城市圈内各市按照省里的统一部署，积极探索城乡一体化发展新模式。城乡一体化的创新试验在村域规划、户籍、公共服务、基础建设、行政管理等方面全方位展开。例如，鄂州市实行城乡一体化的新型户籍管理制度，城乡养老保险制度实现无缝对接；天门市积极推进城乡统筹体制机制改革创新，探索建立社区长效管理新机制和公共服务新机制；仙桃市大力发展农民专业合作社，探索农业产业化新途径。

（5）财税金融体制的改革创新。武汉城市圈内的9市在服务"两型社会"建设、城乡一体化发展、建设"两型"产业等方面创新财税金融体制，相继出台了支持武汉城市圈"两型社会"建设的财税和金融支持政策，明确了圈域内税收分享机制，为圈域内产业双向转移和"两型社会"建设创造了良好的外部环境。武汉市深化投融资体制改革，出台了《武汉市人民政府关于促进武汉金融业加快发展的意见》；

孝感市积极探索股权质押、债权质押、订单质押等多种融资方式；鄂州市出台《鄂州市城乡一体化建设资金管理办法》，建立"两型"产业评估中心，设立"两型"产业引导激励基金；天门市积极探索以土地经营权为抵押融资信贷担保的土地流转抵押贷款，出台了抵押贷款试点办法、方案和工作流程。

（二）长株潭城市群案例分析

长株潭是长沙、株洲、湘潭三市的简称，位于湖南省的东北部，是湖南省经济发展的核心增长极。长株潭城市群于 2007 年 12 月被国家正式批准为资源节约型和环境友好型社会建设综合配套改革试验区，随着"两型社会"的逐渐建设，湖南省"一点一线"区域发展战略的逐步实施，全省经济得到腾飞。作为省域经济重心，长株潭城市群"两型社会"的建设，不仅为长株潭地区的发展带来极好的发展机遇，而且对全省社会经济的可持续发展也具有十分重大的意义。

1. 长株潭城市群发展迅速

长株潭城市群的动议颇早，早在 20 世纪 50 年代，就曾有专家提出合并这三个城市为"毛泽东城"的构想，长株潭经济区在 20 世纪 80 年代初由构想开始转入理论探索。1997 年，长株潭经济一体化发展省级协调机构成立，开始推进长株潭三市的一体化发展。2006 年，首次提出以长株潭为中心，一个半小时的车程为半径，囊括了环绕长株潭的另外 5 个城市，对长株潭城市群扩容，最终形成了目前的这种"3 + 5"格局。

2007 年 12 月 14 日，国家正式批准长株潭城市群成为"全国资源节约型和环境友好型社会建设综合配套改革试验区"，由此打开了一轮新的发展空间。2009 年，长株潭三市统一长途区号为 0731，成为全国第一个也是唯一一个统一区号的城市群；另外，由省领导挂帅的湖南省长株潭"两型"协调委成立，开始对制度进行顶层设计；长株潭城际铁路也开始动工；举行了 8 市规划局长联席会议。①

长株潭城市群的体制机制不断得到创新。2011 年，城市群内的 8 市携手冲破了昔日行政条块的束缚，宣布联合启动湘江流域重金属污染的综合治理。"十二五"期间，长株潭城市群的号角吹响，各市力争率先建设好"两型社会"，成为中部地区崛起的重要增长极。

随着城市规模的扩大，现在长沙、株洲、湘潭三市之间的实际距离已进一步缩小，以各自实际建成区边缘来测量，湘潭、株洲与长沙距离 20 公里，而株洲与湘潭只相距 10 公里。

目前，长株潭城市群是湖南省经济发展与城市化的核心地区，三市分别为湖南省第一、第三、第四大的城市（按市区非农业人口统计）。土地总面积占全省的 13.3%，户籍总人口占湖南省总人口的 19.6%。2011 年，地区生产总值 8270 亿元，其中，长沙 5600 亿元，株洲 1550 亿元，湘潭 1120 亿元，人均地区生产总值分别位居湖南省第一、二、三位。

2. 长株潭城市群"两型社会"建设的制度创新

"两型社会"建设是一项开创性的事业，长株潭城市群以先行先试的精神推进体制机制的全面创新，纵深推进各项改革试验，突出解决资源节约、环境保护、产业发展、行政管理等方面的问题，率先在体制机制上实现突破，创造经验，带动整体推进。

（1）资源节约体制机制的创新。一是要构建城市群的循环经济体系，按照减量化、资源化、再利用的原则，大力支持各市建设各具特色的循环经济产业园区和循环农业示范区，构建以有色、化工、冶金、建材等产业为重点循环经济的产业体系。二是完善节能减排的激励机制，完善政府推动、市场引导、企业主体的节能减排投入机制，综合运用价格、税收、金融、财政等经济杠杆的激励约束作用，推进改革

---

① 周芳、胡志东、许金波：《眺望长江中游城市群》，《湖北日报》2012 年 2 月 10 日。

差别化能源价格，逐步建立能够体现资源稀缺程度、环境恢复成长和市场供求关系的资源价格形成机制。三是探索建立和完善资源产权制度，健全和完善资源有偿使用制度，健全资源产权交易市场，探索建立统一、开放、有序的资源初始产权有偿取得机制；对使用先进节能、减排技术的项目给予一定比例的资金补助或奖励，建立与节能减排挂钩的"以奖代补"的财政奖励制度；制定并实施能够促进资源节约、发展循环经济的一系列地方性法规。①

（2）生态环境保护体制机制的创新。一是建立排污权有偿取得的制度，建立并实施污染物总量初始权的有偿分配、排污权交易、排污权许可证等制度，在长株潭城市群设立综合排污交易市场，开展排污交易的试点工作。二是开展重点流域治理和生态补偿试点工作，并设立用于生态补偿的专项资金，重点是在湘江流域水源保护区、功能生态保护区开展生态补偿的试点工作，并且建立污染赔偿机制以及部分重金属污染河段的治理修复工作的补偿机制。

（3）产业结构优化升级的体制机制创新。一是建立分类引导的产业发展导向机制，严格按照"两型社会"的建设要求，明确产业的分类标准，积极实施分类引导；要重点支持鼓励类产业，严格控制限制类产业扩张规模，建立淘汰类产业退出机制，通过补贴、奖励的方式对淘汰落后产能的企业给予财政支持，在长株潭城市群开展产业退出补偿的试点工作。二是促进国有企业的战略性调整，推进国有企业进行股份制改造，推动国有资本向优势产业和公共服务领域集中，健全国有资产监督管理的体制机制。三是改善非公有制经济发展的体制环境，营造有利于企业公平竞争和发展的健康法制、政策环境，建立并

---

① 湖南省人民政府关于印发《长株潭城市群资源节约型和环境友好型社会建设综合配套改革试验总体方案》的通知，《湖南政报》2009 年第 3 期。

完善社会公共服务体系和区域性中小企业融资体系。①

（4）土地管理体制机制的创新。一是完善节约与集约用地的约束与激励机制，严格实行按城市土地投资强度分级分类的控制，建立节约用地的奖惩机制以及考核机制，并实施土地税费的差别化政策。二是建立跨区域耕地的占补平衡机制，积极开展耕地有偿保护和农用地分类保护的试点工作；在确保省内耕地总量和质量动态平衡的大前提下，建立全省域内跨地区耕地占补的平衡机制；完善耕地开发整理的复垦制度，并且设立耕地保护基金。三是建立长株潭城市群的统一土地市场信息平台，并加快建立城乡统筹、区域统一的土地价格体系和土地市场体系；探索建立集体建设用地出让（出租）、转让、划拨以及抵押等制度。

（5）技术和人才管理体制机制的创新。一是完善区域内创新体系，依托长株潭高新技术开发园区，构建长株潭城市群创新创业试验区，探索区域内部科教资源的整合共享机制。二是创新科技成果转化的体制机制，加快建设科技成果转化基地，大力推进建设长株潭地区湘江沿岸高新技术产业带，积极探索产、学、研联合开发和利益分享的新机制。三是创新人才配置和发掘的体制机制，整合省内人才资源，并健全高层次、高技能创新型人才的选拔和培训机制，加快统一规范的人力资源市场建设。

长株潭城市群率先突破以上5个方面的体制机制重点，进行配套的投融资、财税、对外开放、城乡统筹以及行政管理等体制机制创新，为建设"两型社会"提供配套措施和支撑平台。

（三）试验区综合配套改革试验中的几个问题

（1）改革试验的社会氛围不够浓厚。由于政绩考核体系、人才考评体制还停留在过去的模式，没有根据形势的变化而变化，因此，上

---

① 张萍：《"两型社会"建设与发展低碳经济》，《新湘评论》2010年第2期，第11~13页。

级对下级的指导还不够，推进改革的积极性不高。相反，各方争项目的积极性很高，对改革的长远性认识不足。如规划改革项目时，各方首先考虑的不是创新投融资机制，激活民间投资，而是千方百计找中央、省相关部门要政策、要资金。

（2）改革缺乏全面协作和配套。改革试验涉及方方面面，归根到底是新型工业化、新型城市化和区域一体化这"三化"。当前，在"三化"问题上缺少重大的改革突破，重大的体制改革困难重重，缺乏全面、长远的规划和全盘意识；体制机制改革综合而不配套，出台政策的主体不够鲜明；系统配套不够；综合配套改革试验没有大的突破和深层次的改革，在改革过程中出现避难就易、避重就轻的现象。

（3）对改革中利益的重新分配缺乏足够的重视，致使许多好的改革措施举步维艰。改革是一个利益的重新分配问题，在利益分配中，只有得到大多数人的支持，特别是利益相关者的支持和政策执行者的支持，改革才能进行，否则，改革只能是一个良好的愿望。就因为利益相关者较难调和，所以一些好的改革措施在现实中却不一定能够推行。

（4）两大试验区要更加强化体制机制的创新，加强对国家战略性新兴产业、区域发展等政策措施的研究和对接，争取更多的政策支持。政府应结合试验区改革实际，瞄准现实问题加强研究，制定完善土地利用、产业发展、投融资、资源环境等方面的配套政策，加快研究制定"两型社会"试验区促进条例等相关的地方性法规。

三　推进我国的"两型社会"建设

我国在"两型社会"建设上面临诸多困难，例如资源消耗和环境恶化还没有得到根本性改善，区域之间、不同行业之间两极分化，等等。在区域治理上，由于各地方之间在经济发展与利益分配方面的严重冲突，治理效果却不明显，某些方面甚至存在继续恶化的趋势。因此，要建设"环境友好型"的和谐社会，就必须对现行的分配制度和社会结构进行重大改革。要坚持"市场制度建设"与"社会制度建设"同时并重，使它们之间相互作用、相互加强；更需要政府干预这种调节机制，以营造一个良好的制度环境。为了推进"两型社会"的建设，政府在宏观层面要建立有权威的组织保障体系，建立以政府合作为基础的法治、稳固、有效的公共事务治理平台，并且实行双层次的组织机构和行政管理体制，让政府这只"看得见的手"充分发挥其宏观调控、资源配置与提供公共基础设施的显性功能，打破传统的行政管理体制与机制上的壁垒，真正实现优化整合所有资源，实现各地区资源与信息的共享，从而提高执行力。

政府在中观层面上要实现管理制度一体化的创新，要依靠政府的行政力量，提高政府的沟通及协调能力，形成良好的沟通协调体制机制。一是在一体化的制度供给和监管下发挥积极职能；二是强化政府机构之间的沟通和协商职能，共同寻求中央政府以及省政府的政策支持；三是发挥城市规划的统筹引导职能，包括国家财政政策支持、投融资和金融政策支持、税收政策支持、国家产业政策支持和区位控制政策支持等。

政府在微观层面，一要加快整合企业制度，加快国有企业的现代企业制度的建设。建立现代企业制度是适应社会主义市场经济的必然要求，而产权清晰又是建立现代企业制度的主要内容，也是建立现代企业制度的一个基础环节。二要加快非公有制企业的制度建设。政府要积极地、适当地引导和改造那些有条件的个体私营企业成为以自然人持股为主的有限责任公司或者股份有限公司，健全企业的法人治理结构。因此，政府要积极地以较低的费用向这些企业提供优质的法律、企业发展战略、产权等咨询服务，加快非公有制企业的制度变迁进程。

第六章 扶贫开发重点区域：特殊的
试验区与抑制贫困的
制度创新

毫无疑问，贫困仍是当今我国面临的一个不可忽视的影响社会和谐的问题。邓小平曾说过"贫穷落后不是社会主义"，因此，不解决好贫困问题，社会主义和谐社会的全面构建也就无从谈起。考虑到国家建立的6个综合改革实验区中，没有一个是专门针对贫困问题的试验区，而由于区域差距、城乡差距的拉大，此问题绝不能存而不论，因而从缓解贫困的角度研究和谐社会构建就成为一个重要内容。

其实，国家从1988年毕节试验区开始，就不断地以试验区的形式对贫困地区的发展进行探索。在2011年年底发布的《中国农村扶贫开发纲要（2011—2020年）》第十条中明确指出：国家将六盘山区、秦巴山区、武陵山区、乌蒙山区、滇桂黔石漠化区、滇西边境山区、大兴安岭南麓山区、燕山—太行山区、吕梁山区、大别山区、罗霄山区等区域的连片特困地区和已明确实施特殊政策的西藏、四省藏区、新疆南疆三地州，作为扶贫攻坚主战场。不同于此前的扶贫战略，这一次国家采用了划定14个连片特困区域，以便于集中资源开展扶贫开发的模式。这一举措表明国家正进一步通过制度创新来实施最新的扶贫战略，即在新时期将会更加重视连片特困区域的总体发展，以此为手段来加快贫困地区的脱贫进程。

基于国家最新的反贫困战略部署，我们认为在思考贫困问题的时候不仅要有宏观的思维，探索我国新阶段反贫困的重点和难点，而且也要从微观的视角出发，重视每个贫困区域的具体问题。

一　我国贫困问题现状概述

1. 我国的反贫困事业——成绩与挑战并存

步入 21 世纪以来，我国政府在扶贫开发领域中取得了举世瞩目的成就。2007 年，中国宣布提前实现了《联合国千年宣言》提出的贫困人口减半目标。在 2011 年年底国务院扶贫办发布的《中国农村扶贫开发纲要（2011—2020 年）》中指出，我国农村贫困人口从 2000 年年底的 9422 万人，减少到 2010 年年底的 2688 万人，贫困发生率从 10.2% 下降到 2.8%。到 2010 年，农村居民生存和温饱问题已经得到基本解决，扶贫开发从以解决温饱为主要任务的阶段转入巩固温饱成果，加快脱贫致富，改善生态环境，提高发展能力，缩小发展差距的新阶段。

毋庸置疑，我国的减贫事业取得了举世瞩目的成就。但是可以看到，一直以来我国所执行的贫困线标准过低，如 2010 年仅为每年 1196 元，这相较于国际上公认的发展中国家的每天 1~2 美元的贫困标准有着很大的差距。随着 2011 年我国将新的扶贫标准定为 2300 元后，我国的贫困人口大幅度增加。根据中国科学院主持完成的《2012 中国可持续发展战略报告》中的研究结果，按提高后的贫困标准计算，中国还有 1.28 亿的贫困人口。这表明我国的反贫困事业仍然面临着巨大的挑战，绝不能盲目乐观。

2. 我国贫困人口的分布状况

与其他的发展中国家相比，我国的城市并没有出现大量的贫民窟，这表示我国的贫困人口依然主要集中在农村。当然，很多学者把城市和农村的贫困问题区别考虑，认为城市和农村的贫困问题具有明显的差异。但是，相对而言，我国农村的贫困问题显得更加严重，并且更需要得到全社会的关注。我国贫困地区的人民生活极其贫困，远低于国家的平均水平，以 2008 年的数据为例，《2009 中国农村贫困检测报告》显示，贫困农民家庭的恩格系数为 68.9%，比全国平均水平高 25.2 个百分点。2011 年年末，在扶贫新标准年收入 2300 元以下的农村贫困人口仍有 12238 万人，占农村户籍人口的 13%。

在贫困的分布上，我国也呈现着分布广、贫困地区扎堆的特点，主要分布在中西部地区。在《中国农村扶贫开发纲要（2011—2020年）》所确立的 14 个连片特困地区中，六盘山区、秦巴山区、武陵山区、乌蒙山区、滇桂黔石漠化区、滇西边境山区、大兴安岭南麓山区、燕山—太行山区、吕梁山区、大别山区、罗霄山区等区域的连片特困地区和已明确实施特殊政策的西藏、四省藏区、新疆南疆三地州（如 6-1 图所示），农民人均纯收入 2676 元，仅相当于全国平均水平的一半；在全国综合排名最低的 600 个县中，有 521 个在片区内，占 86.8%。

3. 我国扶贫工作的制度创新——以连片特困地区为突破口

在不同时期，国家对于贫困区域划分的不同体现着不同的扶贫思路。1986 年，国家第一次提出了贫困县的概念，从那时开始，国家从上到下设立了专门的扶贫机构，划定了 258 个国家级贫困县。1993年，随着"八七"扶贫攻坚计划开始制订和实施，贫困县的数量增加到 592 个。2001 年，国家扶贫政策思路调整，"国家重点贫困县"的概念被"扶贫开发工作重点县"所取代，目的是淡化"贫困县"的概念。此时扶贫政策的一个显著变化是扶贫对象的改变，具体表现为改变了过去以贫困县为基本扶持单位的方式，而是将扶贫开发重点转向了 14.8 万个贫困村。这样的好处是在一定程度上扭转了贫困县以外的贫困人口享受不到扶贫政策和资金的状况。

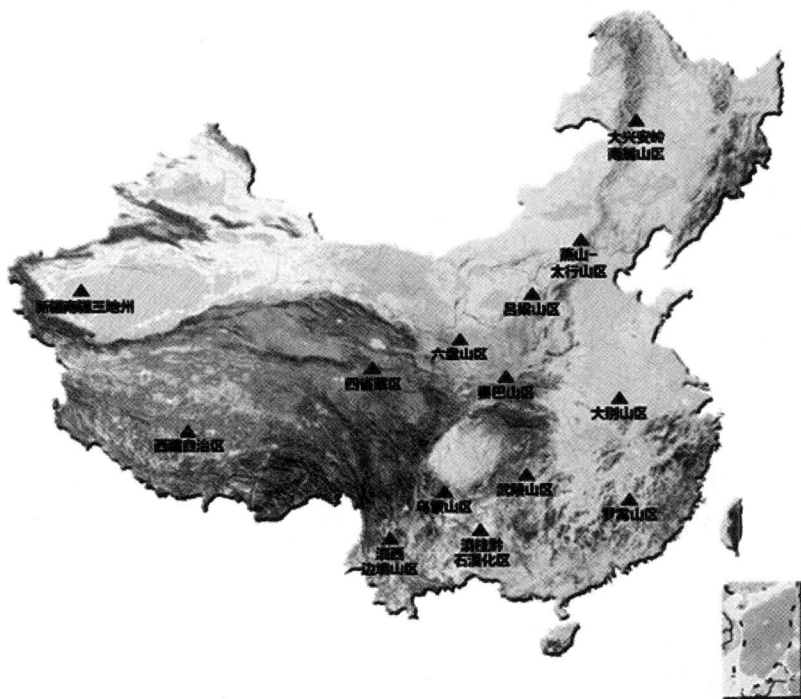

图 6 - 1 我国特困地区示意图

《中国农村扶贫开发纲要（2011—2020 年）》明确指出，我国接下来若干年的扶贫重点锁定在这 14 片连片特困地区中，中央财政专项扶贫资金新增部分主要用于连片特困地区，并且国家要求这 14 个片区各自制订自己的扶贫攻坚计划。到 2020 年，深入推进扶贫开发的总体目标是：稳定实现扶贫对象不愁吃、不愁穿，保障其义务教育、基本医疗和住房。从武陵山片区开始，除去西藏、四省藏区、新疆南疆三地州，我国 11 个集中连片特困区的区域发展和扶贫攻坚规划已全部启动实施。这些措施贯彻了国家这种跳出行政省区的界限，以连片区域为单位来解决贫困问题的思路，而且必将继续贯彻到接下来几年的扶贫工作之中。

二 贫困问题的国内外研究回顾

1. 国外对于贫困问题的研究

自经济学诞生以来，经济学家们就针对贫困问题进行了大量的研究，并提出一系列的理论，试图找到解决贫困问题的办法。17世纪中叶开始的工业革命使西方社会生产力极大提升，当时的人们开始为摆脱贫困、增加财富而思考。1776年亚当·斯密的《国富论》被认为是第一部系统研究国民财富的经典著作，其中虽然没有明确提到贫困的字眼，但是探讨如何增加财富的过程，实际上就是研究如何找到脱离贫困的方法。1798年马尔萨斯的《人口原理》则是第一部具体阐述贫困问题的经典著作。在此之后，越来越多的学者开始研究贫困问题。尤其是第二次世界大战之后，随着发展经济学的兴起，针对贫困的研究开始越来越贴近发展中国家的实际。因为发展中国家普遍没有完善的市场制度，存在着城市和农村的二元经济结构，并且有广泛的贫困现象存在，这与主流经济学基于完美市场的假设大相径庭。因此，发展经济学家一般都摒弃完美市场假设，广泛采用结构主义分析方法，集中研究发展中国家如何发展的问题。

舒尔茨提出"贫困经济学"的概念，他摒弃了完美市场的假设，从分析发展中国家的农民入手，提出建立适当的制度、从供求两个方面为引进现代生产要素创造条件和对农民进行人力资本投资，是引进现代要素保持经济增长的最重要的3个方面。[①] 刘易斯、托达罗等着重分析城乡结构，研究一国如何实现由发展向发达的转轨和起飞；而纳科斯则提出了一种称为"贫困恶性循环"的理论，强调由于低收入国家形成资本的困难会导致其无法摆脱贫困。纳尔逊也相应提出了

[①] 西奥多·舒尔茨：《贫穷经济学——一九七九年诺贝尔演说》，《科技导报》1985年第6期，第12~15页。

"低水平均衡陷阱"理论，指出人口增长对收入增长的限制作用会使发展中国家一直徘徊在低收入水平。但是，他们这种把贫困归因于单一因素的理论，即使能反映现实中发展中国家经济起飞困难的现象，却无法揭示贫困问题的本质。因此，缪尔达尔提出"循环积累因果关系"理论，他认为社会经济的变动不是由单一因素决定的，而是由社会、经济、政治、文化、传统和技术进步等多种因素共同决定的。在动态的社会经济发展过程中，这些因素交织在一起就会呈现出一种"循环积累"的变化态势，即一个因素发生变化，会引起另一个因素也发生变化，进而引起了次级变化，强化先前的因素，使得经济发展过程会沿着原先因素的方向发展。这是典型的结构主义的分析方法。[①]一些经济学家更关注发展中国家贫穷落后和资源稀缺的状况，提出了如何才能使这些地区快速摆脱贫困的发展战略。罗森斯坦·罗丹提出了大推进战略，他认为应该在工业部门中的各个行业同时进行大规模投资，以求在短期内启动停滞经济，迅速推进工业化。[②] 罗斯托提出了主导部门优先发展战略，强调选择正确的主导产业是成功实现工业化的必要条件。他认为现代经济增长实际上是部门不平衡的增长过程。经济增长阶段的更替表现为主导部门次序的变化。主导部门由于技术先进和其他方面的优势而最先发展起来，扩大生产规模，增加资本积累，扩大对其他一系列部门的产品需求，从而带动其他部门和整个国民经济的增长。[③] 阿马蒂亚·森的研究更加注重从微观视角来关注贫困人群，并提出能力贫困（Capabilities Poverty）的概念。他认为虽然低收入必然是度量贫困的一个指标，但是收入本身并不是目的，相反，它可以被视为一种工具来实现人的发展。从基本需要的角度来看，发

①　谭崇台：《发展经济学概论》，武汉大学出版社，2008。

②　罗森斯坦·罗丹：《东欧与东南欧的工业化问题》，《经济学杂志》1943 年第 6～9 期。

③　郭熙保：《发展经济学经典论著选》，中国经济出版社，1998。

展的目的是满足人的某种基本需要，它促使人们都能过上良好的生活。而从基本需要的方法来看，人均收入分析是不充分的，因为它没有考虑收入究竟是如何进行分配的；仅仅提高收入水平并不一定就能增加福利，核心的问题取决于收入是否被用于获得基本必需品。20 世纪 80 年代，阿马蒂亚·森继承和发展了基本需要的分析方法，提出了用权利的方法来分析贫困问题。他认为，贫困是由于权利不平等造成的。权利分为多种类型，有以交换为基础的权利、以生产为基础的权利以及继承和转移的权利等，这些权利拓展了人们所拥有以及能够消费的商品集。在他看来，除了经济因素会影响到个人的权利外，一些制度因素，如习俗、传统、法律和福利转移（Welfare Transfer）也会影响权利。通过思考这些不同类型的权利，阿马蒂亚·森考察了比传统经济学家所关心的更为广泛的问题。另外，他还在饥荒研究以及相对贫困的基础之上，提出了贫穷的脆弱性问题。贫困的脆弱性有两点含义：暴露在冲击、压力和风险之下的外在方面以及没有防御能力的内在方面。内在方面意味着穷人缺乏应对外部冲击的手段；风险的外部根源有很多，如反常的自然灾害、犯罪和暴力的流行以及国内的冲突等。穷人更容易遭受到风险的伤害，原因在于他们缺乏抵抗风险的手段。一旦有紧急情况发生，穷人没有资产来应对这个问题。即使拥有一定的资产，应对风险的资产耗费也会把他们推至持久贫困。把脆弱性问题纳入贫困分析，是由于人们认识到经济的和非经济的外部冲击能够加剧收入贫困。[①]

2. 国内对于贫困的研究

国内关于贫困问题的研究，既有宏观层面上的涉及，如扶贫战略、减贫原因的研究，也有微观层面上的涉及，如从某一个具体问题切入或对某一个贫困区域问题的研究，还有针对反贫困措施执行效率问题

---

① 阿马蒂亚·森：《以自由看待发展》，中国人民大学出版社，2002。

的研究。下面将对宏观层面、微观层面和执行层面分别进行简单梳理。

第一，宏观上的研究多是探讨中国反贫困的战略以及经济增长率这样的宏观变量对于贫困的影响。1995 年康晓光《中国贫困与反贫困理论》一书的发行，标志着我国贫困问题的研究上升至一个新的高度。作者通过对中国贫困问题现状和成因的全面分析，系统地总结了我国反贫困的经验以及教训，借鉴了国际社会成功的反贫困经验，最后提出了一套今后我国应当实行的反贫困政策和制度设计。[①] 林毅夫（2002）提出，要解决农村的贫困问题，促进留在农村的劳动力增产增收，就必须以降低农村劳动力数量为主要战略目标；而大量农村劳动力的转移，又势必要求整个国民经济在经济发展早期，大量发展劳动密集型产业，按照比较优势进行发展，提高城市吸纳就业的能力，这样在这些劳动力从农村转移出来之后，才不会变为城市的无业游民。传统的那种以提高农业生产率为着眼点的农村发展战略，需要以转移农村劳动力为主要目标，这样农村贫困问题才能得到真正解决。[②] 马丁·拉瓦里昂和陈绍华（2004）的研究表明，1980~2001 年，我国极端贫困的发生率急剧下降，但是在不同省份及不同阶段之间，减贫工作的进展并不平衡。对全国范围内的减贫工作而言，经济增长的模式显得极其重要，从重要性上来讲农村地区的经济增长要比城市地区的经济增长重要，农业发展要比第二产业或第三产业发展更为重要。农业部门存在的不平等对减贫起到了极大的延缓作用。[③] 另外，众多学者对于中国显著的减贫绩效进行了研究，包括陈绍华、王燕（2001），

---

① 康晓光：《中国贫困与反贫困理论》，广西人民出版社，1995。

② 林毅夫：《解决农村贫困问题需要有新的战略思路——评审季节银行新的"惠及贫困人口的农村发展战略"》，《北京大学学报》（哲学社会科学版）2002 年第 9 期，第 5~8 页。

③ 马丁·拉瓦里昂、陈绍华：《我国减贫工作取得不平衡的进展》，世界银行发展研究组，2004。

Fan 等人（2002），林伯强（2003，2005），Ravallion，Chen（2004），胡兵等人（2005），万广华（2006），胡鞍钢等人（2006），冯星光、张晓静（2006），汪三桂（2008），等等。几乎所有的研究都认为，中国如此显著的减贫绩效主要归因于持续的经济增长。但从另一方面分析却发现，经济增长对于减贫的绩效正逐渐减弱，收入差距增大将导致减贫工作绩效的下降以及贫困的回升。对此，万广华（2006，2008）进行了大量的研究，他发现收入差距加大是 20 世纪 90 年代后半期减贫速度下降甚至贫困回升的主要原因，他还认为收入分配不平等是造成我国内地高贫困的重要原因。胡鞍钢等人（2006）认为，自 20 世纪 80 年代中期以来，尽管经济仍然保持快速增长，减贫却出现了放缓的趋势，并出现了一些新的贫困形态。他指出，增长质量下降与收入分配不公导致的贫困人口受益比重下降以及获取收入机会的减少，是中国减贫放缓的重要原因。[1]

　　第二，微观上的研究多是针对反贫困过程中的某些具体问题进行的思考。章春化、刘新平（1997）认为反贫困的重点在于促进扶贫对象素质的提高，而其中的核心则是不断提高劳动者的素质，因此，政府不仅要加大教育方面的投资力度，有针对性地培养所在地区紧缺的管理人才、技术骨干，并且还必须通过各种政策优惠，将外地优秀人才吸引到本地贫困地区，为扶贫工作贡献力量。[2] 黄英君等人（2011）从社会资本投资的视角出发，将我国反贫困的资本分为了物资资本、人力资本和社会资本。他们分析了过多进行物资资本和人力资本投资可能产生的问题，指出我国社会资本存在不足。解决该问题需要消除抑制贫困地区经济发展的各种制度安排，完善制度，让社会资本进入

---

[1]　胡鞍钢、胡琳琳、常志霄：《中国经济增长与减少贫困（1978—2004）》，《清华大学学报》（哲学社会科学版）2006 年第 5 期。

[2]　章春化、刘新平：《中国贫困与反贫困研究综述》，《开发研究》1997 年第 5 期。

扶贫领域。一些学者还从社会资本的角度出发来分析贫困。[①] 周文
（2012）将社会资本对扶贫工作的影响总结出了 3 个范式：资本范式、
制度范式、关系范式；并认为根据我国政府主导扶贫工作的特点，接
下来社会资本对扶贫工作影响的研究应该把政府主导作为条件，不能
生搬硬套国外的研究。[②] 李晓红（2012）总结道，在我国，社会成本
可以降低政府得到贫困信息的成本，有利于政府获得贫困人群的信息。
政府可以借用私人关系来推广政府的一些扶贫政策，这样可以加强政
府与贫困人群直接的合作。[③] 越来越多的学者也考虑到了贫困的脆弱
性问题（返贫问题）以及代际传递问题，万广华（2010）在《贫困脆
弱性与中国扶贫战略：化被动扶助为主动防御》中对贫困脆弱性问题
进行了深度分析，并取得了显著的成果。另外，万广华等人（2011）
还建立了研究贫困脆弱性的模型，从实证角度对于贫困脆弱性进行了
探索研究。[④] 丁军（2010）认为导致农村出现返贫现象的主要根源在
于"主体、供体、载体"三者发展的不可持续性。因此，构建"主体
—供体—载体"三体均衡、三位一体的可持续扶贫模式，是实现农村
贫困人口持续脱贫与贫困地区持续发展的根本出路。[⑤] 另外，有一些
学者也关注到了扶贫措施中具体执行层面上的问题，如减贫措施的绩
效，这些分析都是基于国家主导扶贫事业的背景之下。王宏梅
（2005）指出，由于反贫困政策的供给与需要方面并不匹配，因而直
接导致政策执行的主体并没有从贫困主体的实际出发。另外，政府在

[①]　黄英君、苗英振、蒋径舟：《我国政府反贫困政策回顾、反思与展望——基于社会资本
投资的视角》，《探索》2011 年第 10 期。

[②]　周文、李晓红：《社会资本对反贫困的影响研究：多元范式的形成与发展》，《教学与研
究》2012 年第 1 期。

[③]　李晓红：《社会资本的当下功用与政府反贫困前瞻问题》，《改革》2012 年第 2 期。

[④]　万广华、章元、史清华：《如何更准确地预测贫困脆弱性：基于中国农户面板数据的比
较研究》，《农业技术经济》2011 年第 9 期。

[⑤]　丁军、陈标平：《构建可持续扶贫模式治理农村返贫顽疾》，《社会科学》2010 年第
1 期。

扶贫过程中往往忽略性别的因素。由于妇女不仅要从事物资生产劳动，同时还要承担生育、抚养、教育小孩的职责，因此，女性的素质对家庭、社会乃至国家将产生很大的影响。[①] 姚迈新（2011）关注到了我国实行的政府主导式扶贫模式可能会遭遇到的扶贫目标偏离和转换的问题，认为可以从区域瞄准的政策、资源分配体系的制度、有关参与式扶贫的制度、扶贫资源监管的制度这几个方面进行创新和完善，最终解决该问题。[②]

三 从制度角度看我国反贫困的现状和挑战

制度经济学家们认为制度在反贫困中起到了非常重要的作用。诺斯认为，制度构造了人们在政治、社会或经济方面发生交换的激励结构，制度变迁则决定了社会演进的方式，因此，它是理解历史的关键。康芒斯认为，由于资源稀缺性是无处不在和合乎自然的，并且包含了人们的利益冲突，有效率的适度合作不能依赖于人们利益和谐的假设，只能来源于能够从冲突中产生秩序的制度创新。因为制度是以集体规则来控制个人行为，它告诉人们能够、应该、必须做什么。刘易斯在著作《经济增长理论》中认为，许多国家及地区之所以贫穷落后，有一个重要因素，就是缺少能够促进经济发展的制度引导。因此，要使经济得到发展，就必须促使政府制定长期的宏观发展战略，形成有效制度给企业和家庭的经济活动创造条件。巴罗在论文《经济增长的决定因素——多国经验研究》中考察了1960~1990年约100个国家的经验数据后发现："制度及政策差异是各国及地区经济增长率最重要的决定要素，体制改革为一国从贫穷走向繁荣提供了一条最佳捷径，投

---

① 王宏梅：《当前我国农村反贫困效率低的原因及对策分析》，《理论观察》2005年第10期。

② 姚迈新：《对以政府为主导的扶贫行为的思考——扶贫目标偏离与转换及其制度、行动调整》，《行政论坛》2011年第1期。

资及技术进步是经济增长的长期增长动力。"

1. 我国扶贫模式变迁的 4 个阶段（1949～2011 年）

学术界对于新中国建立以来的反贫困模式变迁，根据不同的视角有着不同的划分方法，从制度变迁的角度来看，基本上划分为 4 个阶段。

第一阶段是从新中国成立到 1978 年改革开放之前，这一阶段主要是以平均主义为手段来应对贫困。那时候的基本状况是政府包办一切，吃大锅饭，即用平均主义的制度来抑制贫困的发生。但是受"左"倾思维的影响，尤其是大跃进之后，我国执行了违背客观规律的经济政策，造成了生产力的巨大滑坡。平均主义的制度虽然有效控制了收入差距的拉大，但是不利于激发人们的工作热情和创造精神，反而促使所有人都陷入贫困之中。

第二阶段是从 1978 年改革开放开始到 1985 年左右，这一阶段通过一系列的制度改革使贫困大量减少。在这一时期，国家进行了多方面的制度改革。首先是土地制度改革，用家庭联产承包责任制代替了原先的人民公社制度，人们工作的热情得到了极大的提高，由此获得生产力的巨大提升。随之而来的是市场制度的改革，从那时起社会主义的市场经济开始逐步建立起来。然后就是就业制度的改革，农村人口可以放开到城市去寻找工作。这一系列的制度改革使得中国经济高速增长，虽然没有直接设立专门的扶贫机构和扶贫政策，但是我国的贫困人口数量却在这一时期最快速地下降。

第三阶段是 1986～2000 年这段时期。伴随着第二阶段快速的经济增长，我国没有解决温饱的贫困人口从 2.5 亿人下降到了 1.25 亿人，平均每年削减了 1786 万人。但是与此同时，一些发展较为滞后的地区，在经济、社会、文化等各方面与全国的平均水平尤其是东部发达地区相比，差距已越来越大，区域间发展不平衡已经越来越明显。基于这种情况，我国开始组织大规模的扶贫开发工作。[①] 1986 年，中央第一次提出了贫困县的概念，设定了国家级贫困县，并由上到下建立起了扶贫机构。这一阶段我国的扶贫制度可以说是由政府主导的开发式扶贫，政府成立专门的机构，确定扶贫的方针。1994 年 3 月，国务院正式公布了《"八七"扶贫攻坚计划》，宣布争取用 7 年的时间解决 8000 万贫困人口的温饱问题，2000 年时基本完成了既定的目标。

第四阶段是 2001 ~ 2011 年，政府基于我国扶贫事业的发展情况，颁布实施了《中国农村扶贫开发纲要（2001－2010 年)》。该阶段继承了开发式扶贫政策的良好经验，并以此为基础进行发展，采用参与式的扶贫政策，从下至上地制订相应的扶贫开发计划并以此来推进具体工作的开展。在此期间，政府改变了工作的重点，不仅把扶贫的主要目标从过去的贫困县转移到了贫困乡，而且对过去一直推进的扶贫项目进行了深度调整，加大了有益于落后地区和贫困人口增强自身能力项目的经费投入，如增加教育方面的投资和劳动力技能的培训，力图强化落后地区人口抗击贫困的能力。在该时期，政府在思路上跳出了原来的那种完全由政府主导的思想，不再大包大揽，开始由开发式扶贫方式转向了赋能式的扶贫方式，由此调动起每个贫困地区自身的积极性。

分析新中国建立之后每个阶段的扶贫过程，可以清楚地发现，虽然每个阶段的扶贫政策都有着鲜明的时代特点，但扶贫政策的不断变化过程实际上就是一个不断的制度创新过程，即从单纯的救济式扶贫转变为开发式扶贫，现在正在向着赋能式扶贫的方式转变。从新中国成立到今天的反贫困进程本身就证明了制度变化对于解决贫困问题的

---

① 向德平：《包容性增长视角下中国扶贫政策的变迁与走向》，《华中师范大学学报》（人文社会科学版）2011 年第 7 期。

重要性，最有说服力的是从 1978 年到 1986 年，中国并没有出台任何关于扶贫工作的具体政策，仅仅是制度上的创新，就引发了贫困人口大幅度的降低。

2. 制度的不完善阻碍着新时期扶贫工作的开展

比较世界上大部分国家的经济发展，可以发现发展中国家相对于发达国家来讲，它们的制度往往不能满足其经济发展的需要。具体的表现包括有效的正式制度供给与变迁不足，非正式制度与市场经济的要求不相容，而且实施机制也乏善可陈，等等。我国的贫困地区主要集中在中、西部尤其是西部地区，这些地区的不发达在很大程度上仍然可以用制度视角来解释。虽然一直以来我国对于西部地区的政策支持都是非常大的，给予了像"西部大开发"这样的国家战略，并且实施了对口援助的政策，但是国家的这种政策倾斜似乎效果不是很好。比如像云南这样的省份，其现在的 GDP 在全国的排名，相对于西部大开发开始之前的排名，反而有着大幅度下滑，从 2000 年的第 18 位降到了 2011 年的第 24 位。究其原因，就是西部地区在整体上的市场化进程远远落后于东部地区。从宏观上看，在每年公布的全国"市场化指数"中，可以看到贵州、云南、西藏这些地区的市场化指数都低于全国其他地方。这反映出这些地区在制度创新上的不足，在体制与机制方面存在诸多问题，不能很好地保护产权和降低交易成本。从微观上来说，国家没有给贫困地区足够的制度支持。正如尤努斯曾指出：贫困是制度安排和机制失败的结果，是"人为"的。如果改变制度设计，给穷人一个平等的机会，他们就会创造一个没有贫困的世界。

3. 对我国反贫困现存问题的制度探讨

国内很多学者都从各自的专业领域出发，对我国的反贫困问题进行了研究，同时也指出了我们在反贫困中存在的问题。国务院扶贫开发领导小组副组长范小建 2012 年在接受《瞭望》杂志采访时，提到我国扶贫工作将面临四大挑战：一是扶贫工作对象规模更大；二是连片特困地区的特殊矛盾突出，即每个地区都有因为其自身特点而造成的扶贫工作的困难；三是返贫形势不容乐观，新的致贫因素日益增加；四是相对贫困凸显。

（1）我国收入差距加大。经济增长的减贫效果在相当程度上还取决于收入分配的平等程度。在相同的经济增长速度之下，收入差距越大，那么贫困人口从经济增长中受益的可能性就越小，减贫的效果就越差。Ravallion 和 Chen（2007）的研究表明，基尼系数对贫困发生率的弹性为 3.5，且在统计上极为显著，即在控制了收入增长的情况下，基尼系数每增加 1%，贫困发生率就上升 3.5%。基尼系数对贫困缺口的弹性值更高，达到 5.3。[①] 这些研究说明，如果任由收入差距迅速拉大，将会在很大程度上抵消经济增长所带来的减贫效果，从而将会延长减贫的进程。

当经济总量发展到一定程度之后，收入差距的增大也会影经济增长的速度，继而影响减贫的成效。戴维·N. 韦尔在其编写的《经济增长》中曾分析到收入不平等有 4 个途径影响经济增长，即实物资本积累、人力资本积累、政府的再分配政策和社会政治的不稳定性。他指出收入差距增大虽然有利于增加储蓄及提高资本积累，但是却不利于人力资本的积累。因为收入差距将会导致穷人得不到良好的教育和培训，而富人也不可能无限制地投资在人力资本的积累上。在经济不发达时期，资本积累对于经济增长的贡献可能会抵消人力资本的缺失；但是在经济达到一定水平后，一个国家的经济发展将会由人力资本而不是实物资本所驱动，而且收入分配不平等也可能导致经济效率的降低和社会政治的不稳定。中国经过 30 多年的改革开放，经济总量位列世界第二位，2010 年的最新数据显示，中国的人均 GDP 已经达到

---

① Chen，S. and M. Ravallion，*Absolute Poverty Measures for the Developing World*，1981 – 2004，Prceeding of the National Academy of Science of the United States of America.

4481美元。按照世界银行的最新划分标准，中国已经进入了上中等收入水平，可以说中国的现状很符合上述理论中所论述的情况。收入差距是否会影响经济增长的讨论在国内也有很多。陈安平（2009）利用面板协整技术研究我国收入差距和经济增长之间的关系。研究结果表明，从长期看，收入差距的拉大对经济增长有害。因此，要保持经济的持续增长，必须着力解决日益恶化的收入差距问题。[①] 周文（2012）分析了英国、日本、韩国等跨越中等收入水平的过程，这些国家在跨越过程中都实施了旨在减小收入差距的措施。他认为收入分配与中等收入陷阱密不可分，要解决经济持续发展问题，核心是致力于收入分配公平。

收入分配不公一方面导致了贫困人群无法很好地分享到经济发展的成果，另一方面又可能导致经济发展的减速，继而也会导致反贫困的绩效下降。从制度角度上看，我国收入分配制度的不合理是导致收入差距加大的重要原因。一直以来，在我国现有的收入分配制度之下，我国劳动者报酬总体偏低，结构不合理等矛盾日渐突出。国家虽然也一直强调要进行收入分配改革，让劳动者能够更加体面的劳动，但是改革方案始终难产。从反贫困的角度来看，解决收入分配差距问题将会成为下一阶段扶贫工作的一个难题。

（2）社会救助制度不健全。我国独特的城乡二元结构对我国的社会保障模式有着极大的影响，城市与农村在社会保障体系上形成巨大的反差。目前，我国城市基本上建立起了社保体系，而农村社会保障体系的构建才刚刚起步。因此，农村贫困人群的社会保障制度不完善，保障水平也很低。而社会救助制度的不健全将会对将来我国扶贫工作的效果产生极大的影响。一方面是因为贫困人口自身反贫困的能力减弱，社会救助制度的重要性上升。我国实行的计划生育政策使农村家

---

① 陈安平：《收入差距、投资与经济增长的面板协整研究》，《经济评论》2009年第1期。

庭养子防老的功能弱化,再加上农民最大的资源——土地资源并没有给贫困人口带来财富,城市化的进程甚至使一些农民还失去了土地并且没得到足够的补偿,因而这些贫困人口承担了极大的"老无所养"的风险。如果没有完善的社会保障制度,他们即使脱贫了也面临着"因病致贫""因病返贫"的危险。另一方面,社会救助制度不健全会使这些参加社会保险的贫困人口缴纳了费用却并没有得到应有的保障。因此,农村社会保障制度的缺失,是农村贫困的重要原因,也是将来我国扶贫事业必须攻克的一个重点。

(3)贫困区域以及贫困人群的不利问题。我国经济发展中的"马太效应"表现得越来越突出,一是相对发达地区与贫困地区之间的区域经济差距越拉越大;二是贫困人群的收入与高收入人群的差距已经逼近了社会容忍的底线。

首先,从贫困区域的弱势地位看。相对于发达地区,贫困区域一般都是自然环境较为恶劣的区域,如毕节地区的喀斯特地形区或者是滇西的山区等。由于其恶劣的自然环境,造成了该地区初始的贫困,也使得基础设施的建设成本大于发达地区。由于得不到完善的配套条件,企业在贫困地区的投资见效慢、周期长;在贫苦地区,各种人才也不能获得良好的待遇和研究环境。上述原因就造成了贫困地区相对于发达地区的弱势地位。由于经济不发达,缺少资金,除了政府的直接支持,这些地区又不可能创造条件以吸引一些投资和人才。贫困地区这种在竞争中的弱势,导致了不管是在资金的竞争还是在人才的竞争上,贫困地区与发达地区都不可能平等竞争。

其次,贫困人群相对于富裕人群的弱势地位。马克思认为,无论"绝对贫困"还是"相对贫困",都是资本过于强势,劳动难与资本保持必要的"均势"以致无法分享剩余价值所致。劳方的弱势不仅体现在劳动者权益在法律上得不到保障,而且其工资也小于他们的贡献。

最后,相对于富裕人群,贫困人群政治发声的途径很少,没有足够的力量来表达自己的一些诉求，并影响政策的制定。而富裕阶层由于其自身的诉求相近，很容易产生联盟，而且这种联盟会越来越大并形成利益集团。

四　反贫困的实例分析

由于我国国土面积大，每个贫困地区的情况各有不同，因而需要每个区域专注于自身发展，探索出适合本区域的减贫制度。所谓合适的制度，一方面要能够解决现实问题，另一方面也要便于操作、落实。《中国农村扶贫开发纲要（2011—2020 年）》明确指出：国家将六盘山区、秦巴山区、武陵山区、乌蒙山区、滇桂黔石漠化区、滇西边境山区、大兴安岭南麓山区、燕山—太行山区、吕梁山区、大别山区、罗霄山区等区域的连片特困地区和已明确实施特殊政策的西藏、四省藏区、新疆南疆三地州，作为扶贫攻坚主战场。这种确定扶贫开发重点区域，集中资源开展扶贫开发工作的模式，无疑是改革试验区的另一种形式。

在新时期，把连片特困地区作为主要瞄准对象来应对贫困问题，更是一种全新的探索。2012 年 5 月 26 日，时任总理温家宝在武陵山片区扶贫攻坚工作座谈会上曾表示，划定连片特困地区，加大统筹协调力度，是扶贫开发方式的重大创新。在全国范围内划定一批连片特困地区，集中力量给予重点扶持，有利于深入探索区域发展和扶贫攻坚的新机制，下大力解决制约发展的突出矛盾，提高扶贫开发成效；有利于促进全国最困难地区的经济社会发展，释放这些地区的发展潜力，提高全国区域发展协调性；有利于革命老区、民族地区、边疆地区共享改革发展成果，促进社会和谐稳定；有利于调动这些地区保护生态环境的积极性，保护好国家重要的生态功能区，构筑国家生态安全屏障。[1]

---

[1]　温家宝：《尽快改变连片特困地区的落后面貌》，《人民日报》2012 年 5 月 30 日。

贫困区域发展有其共性问题。首先是工业化。罗斯托提出了主导部门优先发展战略，强调选择正确的主导产业是成功实现工业化的必要条件。他认为现代经济增长实际上是部门不平衡的增长过程，经济增长阶段的更替表现为主导部门次序的变化。主导部门由于技术先进和其他方面的优势而优先发展起来，扩大生产规模，增加资本积累，扩大对其他一系列部门的产品需求，从而带动其他部门和整个国民经济的增长。因此，贫困地区的发展必须找到自己的主导部门来带动各自区域的发展。其次，不发达地区均有可以利用的后发优势。后发优势概念最初是由美国经济史学家申克龙（1962）提出的。他认为，后进国家能够利用先进国家的科学技术，能够创造出工业化所需的必要条件，从而能够加速经济发展，赶上先进国家。后发优势是后进地区相对于先发地区在发展中所具有的各种有利条件。后发地区可以利用先进地区的资本以及技术，借鉴发达地区的制度，用很低的成本引进先进地区的技术与制度。

在划定的各个连片特困区域中，促进经济发展、提高贫困人口的收入是当务之急。但是，由于各个区域自身的情况不同，特别是恶劣的自然条件影响，使得贫困地区的经济发展面临着多种因素制约。比如，贵州的毕节地区属于喀斯特地形，自然环境非常容易遭到破坏，生态保护的任务很重；滇西地区有很长的边境线，在促进发展经济的同时还必须兼顾考虑国家安全的问题；武陵山区是四省交界之地，也是少数民族聚集的地方，这意味着在经济发展的同时也要考虑政府之间合作的问题和民族团结的问题。另外，由于每个地区的资源禀赋各有差异，因而适合发展的产业也各有不同。下面将以毕节试验区和武陵山区作为实例进行具体分析。

（一）毕节试验区

1. 毕节试验区成立背景

1988 年 6 月 9 日，在时任贵州省委书记胡锦涛同志的推动下，

"毕节地区开发扶贫、生态建设试验区"被正式批准成立，这是我国首个在贫困地区建立的以消除贫困，实施可持续发展为突出特点的综合性改革试验区，也是我国第一次用试验区的形式来尝试解决贫困问题的开创性探索。毕节地区位于贵州省西北部，在建立试验区之前是贵州省最贫困、落后的地区之一，包括毕节、大方、黔西、金沙、织金、纳雍、威宁、赫章一市七县，涵盖了毕节地区全部的市、县。毕节地区是全国最集中的喀斯特地区，其喀斯特面积占全国的一半以上。全区山高坡陡、河谷深切、地形破碎、土地贫瘠，属于联合国教科文组织认定的不适宜人类居住的岩溶山区。1988 年，毕节试验区刚成立时的情况可以概括为经济贫困、生态恶化以及人口膨胀。

（1）经济贫困。以 1987 年为例，毕节地区的人均工农业总产值为 288.9 元，农民人均收入仅有 184 元，人均粮食不足 200 公斤，未解决温饱的人口达 300 余万。[①] 全区 8 个县，有 5 个是国家级贫困县（毕节、大方、织金、纳雍、威宁），一个是省级贫困县（赫章）。

（2）生态恶化。毕节地区生态环境非常脆弱，其表现是多方位的、综合性的。其中，最突出的问题表现在森林覆盖率低，水土流失面积大，土壤侵蚀模数高，石漠化现象严重等方面。由于生态脆弱和掠夺性开发，当地的自然灾害频繁，几乎无年不成灾。

（3）人口膨胀。毕节地区人口压力极大，人口负荷远高于全国、全省的平均水平。1962 ~ 1983 年的 21 年间，毕节人口自然增长率高达 3.033%，高出全国同期 9.19 个千分点；人口密度每平方公里 218 人，比全国高出 15 人，比贵州高出 35 人，是解放初期 94 人的 2.22 倍。另外，该地区的人口素质也很低，1985 年全区文盲、半文盲占到总人口的 48%。

经济贫困、生态恶化、人口膨胀，这三大问题互为因果，使该区

---

① 《毕节试验区建设干部读本》，毕节地区闻达报业有限责任公司，2010。

域陷入了"越穷越生——越生越垦——越垦越穷"的贫困陷阱之中。正因为认识到这一问题，自毕节试验区开设以来，其建设就一直围绕着"开发扶贫，生态建设，人口控制"这三大主题来进行。

2. 毕节试验区的制度创新——毕节模式

中国共产党领导的多党合作和政治协商制度是我国的一项基本政治制度。毕节试验区充分发挥了这项基本政治制度的优越性，经过20多年的探索，走出了一条适合自身发展的道路，即"毕节模式"。2011年，时任政协主席贾庆林提出，要以创新的精神推动试验，以务实的态度推广示范，不断探索"毕节模式"，为中西部欠发达地区实现科学发展闯出一条新路，为加快区域协调发展提供有益借鉴。[①] 时任统战部长杜青林同志指出，统一战线参与支持毕节试验区建设22年来，思路不断完善，内涵不断丰富，领域不断拓展，形式不断创新，逐步形成了独具特色的以各民主党派、工商联为参与主体，以智力支持为主要内容和特点，以长期共同支持一个贫困地区为形式，以统一战线服务科学发展的"毕节模式"。[②]

（1）智力支持制度。智力支持制度是从毕节试验区成立前的筹备时期就开始实施的，以提供智力援助（主要是民主党派）为手段的，帮助毕节地区发展的措施。智力支持的制度正好可以为毕节地区提供智力支援，也发挥出了民主党派特有的优势。

智力支持制度的具体实施要追溯到试验区尚未成立的时候。1988年4月，时任贵州省委书记的胡锦涛同志在北京举办座谈会，邀请了中央统战部、各民主党派、全国工商联负责同志参加。他详细介绍了毕节的情况及成立毕节试验区的必要性，并代表贵州省委、省政府，

---

① 贾庆林：《在各民主党派中央、全国工商联参与毕节试验区建设座谈会上的讲话》，2011年9月27日。

② 杜青林：《在毕节试验区专家顾问组成员座谈会上的讲话》，2010年6月28日。

邀请统战部、国家民委、各民主党派、全国工商联等支持毕节地区的改革试验与发展。此后不久，在中央统战部的牵头之下，各党派派出专家顾问组成专家组深入毕节地区，经过了长达 13 天的实地考察，并向国务院做了汇报，促成了 1988 年 6 月 9 日经国务院批准的毕节试验区的建立。[①] 毕节试验区刚刚正式设立不久，"中央智力支边协调小组"便设立了"支援贵州毕节试验区发展规划实施顾问组"。第一至第三任的组长由全国政协原副主席、已故科学家钱伟长担任，第四届组长由经济学家厉以宁担任。顾问组从成立伊始，就坚持把智力支持作为最重要的支持毕节地区发展的方式，顾问组依据毕节试验区在发展中所需要的各个方面的需求，充分发挥各行业、各学者的聪明才智，力图做到借智扶贫、借智脱贫。

可以说，毕节试验区率先促成八大民主党派受邀到某个区域进行实地调研、参政议政，并协同合作，为同一个地区制定发展规划与具体部署措施。这也是智力支持制度可行性的一项试验。

（2）帮扶制度。毕节试验区的帮扶制度有党派帮扶和对口支援帮扶。党派帮扶制度是各民主党派、全国工商联帮助毕节建设发展的一项创新性制度。中央统战部、八个民主党派中央、全国工商联在毕节试验区都直接地帮扶一个县、市。具体分配情况如下：中央统战部、台盟中央帮扶赫章县，全国工商联帮扶织金县，九三学社帮扶威宁县，民革中央帮扶纳雍县，民建中央帮扶黔西县，民进中央帮扶金沙县，农工党中央帮扶大方县，致公党中央、民盟中央帮扶毕节市。2010 年，中央统战部召开了"统一战线参与支持毕节试验区建设联席会议"以协调东部的北京、上海、天津、浙江、山东、江苏、广东、辽宁、福建、河北十省市的统战部门，力求汇集力量支援毕节试验区的

---

① 叶丹江、谢定光：《中国特色政党制度在毕节试验区的成功实践》，《学校党建与思想教育》2011 年第 8 期。

发展工作。① 另外，国家为了能够使西部的一些贫困区域迅速脱贫，还安排了东部发达地区的城市进行对口帮扶，据此明确了深圳特区要对毕节试验区进行对口支援，具体支援毕节地区的建设。

（3）经济发展的同时兼顾生态保护和人口控制的制度创新。首先在宏观思路上，毕节脱离了唯经济发展论。毕节试验区刚启动时和其他的试验区就存在着很大的区别，前文中提到，开发扶贫、生态建设、人口控制是试验区建设的三大主题，三者不可分割，是一个有机的整体。基于此，毕节试验区从建立伊始就不仅仅以经济增长的速度为追求的指标，而是将经济效益、生态效益、社会效益 3 种效益有机地结合起来，将其视为一个整体目标进而展开综合性的社会发展试验。这种思路在试验区成立之初，就由胡锦涛同志明确提出：毕节试验区必须坚持以改变贫困面貌，解决温饱问题为目标，并把能否如期实现绝大多数农民脱贫的目标作为衡量试验成败的首要标准。②

其次是在微观行为方面的制度创新。

一是人口问题。在试验区刚建立时，毕节试验区结合家庭联产承包制的土地制度，在其区域内较早开始推行"增人不增地，减人不减地"的新政策，具体政策就是在承包期内，每个家庭所增加的人口不可以另外分地。这种政策的实施就使得每个农户家庭必须直接承担起新增婴儿的开销，这种经济压力降低了人们生育的动机，有效促进了计划生育工作的开展。此制度将计划生育和保护耕地这两项基本国策有机地融为一体，以此准确地抓住了控制人口数量的关键环节。此外，这一制度也在整个贵州省迅速推广。毕节地区将耕地和计划生育挂钩创造出的经验，被写入中共中央和国务院的文件之中，并在其他省份

---

① 姚鸿、赵高才：《统一战线参与支持毕节试验区建设联席会议在京召开》，《贵州日报》2010 年 6 月 29 日。

② 包俊洪：《毕节试验区：科学发展理论的先行探索与实践》，《马克思主义与现实》2006 年第 1 期。

的农村加以推行。

二是生态问题。生态问题体现为盲目的开垦造成的水土流失和环境破坏。由于毕节地区的喀斯特地形，使得生态环境极其脆弱，因而政府对生态问题必须加以重视。① 毕节地区实施"五子登科"的发展模式，即"山顶植树造林戴帽子，山腰退耕还林还草、种地埂树拴带子，坡地种绿肥和牧草铺毯子，山下建基本农田收谷子，发展多种经营抓票子"。① 这个创造性的农业发展模式既考虑了农业的发展，也关注了生态环境的建设。② 毕节地区还实施"六加一"工程，所谓"六加一"工程就是以"改茅建房"为中心，配套沼气池、改厕、改圈、改厨、改水、改庭院 6 项建设，以此来完善居住环境。同时，这也有助于确定发展思路，引导农村循环经济、劳务经济的发展。为了把经济效益和生态建设结合起来，毕节地区还开展了生态农业小区实验，孕育而生了一批生态乡和生态村。

（4）选择适合发展的主导产业并精心培育。由于贫困地区的财力和物力是有限的，因而不能采取广撒网式的发展，一定要选好适合发展的产业。毕节地区在培育优势产业上面进行了很好的探索。

毕节试验区建立前后，基于当时的毕节区情和未来前景的判断，毕节选择了带动面大、辐射力强、有生产基础和发展后劲的烤烟、卷烟生产作为核心支柱产业精心培育。一方面，政府给予了大量的财政优惠。1991~1993 年，政府连续 3 年，每年给予高达 1 亿元的返还支持，帮助具有竞争优势的龙头企业——毕节卷烟厂发展壮大。另一方面，政府引导使得老百姓得到了实惠。政府在农村采用了"公司 + 基地 + 农户"等形式，引导农户科学种植，进行适应市场需要的生产，促进农民增收。后来的实践也表明，"两烟"为毕节的发展、为农民的脱贫致富，一直发挥着积极、稳定的作用。最终，毕节地区成为贫

---

① 聂华：《毕节地区农业生态建设的"五子登科"模式》，《毕节日报》2009 年 11 月 4 日。

困地区选准、选好支柱产业的成功范例。

（5）扶贫机制创新及成效。毕节地区对扶贫体制机制进行了大胆的探索与创新。一是在解决资金匮乏的问题上进行了尝试，比如推出了财政扶贫资金贴息、信用社贷款等措施；二是有效放大资金量和扶持范围，创造了财政扶贫资金有偿滚动发展的扶持方式；三是整合各类资源，捆绑资金集中投入，实施整乡整村连片推进；四是在劳动力的培养和转移上，毕节探索出了"三个异地扶贫"，即异地就业、异地开发、异地安置，为劳动力转移寻找出路；五是实施了"招工扶贫"工程，即为了促进贫困区域农民增收而推行的项目。从 2004 年起，全国工商联发动工商联会员企业到织金县招工，开始启动了"招工扶贫"工程，迄今为止各类企业从织金招工达 100 多批（次），有组织输出农民工 25191 人，带动其他形式输出农民达 11.8 万人。①

毕节试验区自建立以来，经过 20 多年的发展，其各方面建设都取得了可喜的成果。以 2011 年的数据来看，相比于试验区刚建立，其经济总量增长了 32.7 倍，地方财政收入名列全省前茅，实现了综合经济实力从全省排名末位到稳居第三位的飞跃；贫困人口（老口径）从 312 万人减少到 31.84 万人，实现了人民生活从普遍贫困到基本解决温饱的跨越；森林覆盖率从 14.9% 上升到 40.03%，实现了生态环境从不断恶化到明显改善的可喜变化；人口自然增长率从 19.5% 下降到 6.55%。

（二）武陵山区

1. 武陵山区区情与研究意义

武陵山区是以武陵山脉为中心的渝、鄂、湘、黔边境区，是国家西部大开发和中部崛起战略交汇地带，是 20 世纪 80 年代国家在扶贫

---

① 段忠贤、胡松：《毕节试验区开发扶贫：演进、成效与经验》，《毕节学院学报》2012 年第 1 期。

规划中确定的 18 个集中连片贫困地区之一。2010 年，国家新一轮西部大开发战略又将武陵山区确定为 6 个重点区域之一，纳入国家发展战略。根据 2011 年年底公布的《中国农村扶贫开发纲要（2011—2020年）》，武陵山区再次被确定为 14 个扶贫攻坚主战场之一。规划确定的武陵山连片特困地区的范围包括湖南、湖北、贵州、重庆 4 个省（市）11 个地（市、州）的 71 个县（市、区），其中湖北 11 个、贵州 16 个、重庆 7 个、湖南省 37 个；片区国土总面积 17.18 万平方公里；2010 年年末，总人口 3645 万人，其中城镇人口 853 万人，农村人口 2792 万人。它是我国最大的跨省少数民族聚居区，有土家、苗、侗等 30 多个民族，少数民族人口约占片区总人口的 1/2，占全国少数民族人口的 1/8。

武陵山区蕴藏着丰富的自然资源，雨热同季，山清水秀，地阔天舒；自然条件山同脉，水同源，树同种；传统文化、民族风俗、居式耕作、生活方式相同；经济基础、经济环境、市场条件、物质资源相近，虽然各地区行政区划不同，但因地缘关系，经济发展的层次和遇到的困难大同小异，人民的密切友好联系和往来源远流长。可以说，该片区是集革命老区、民族地区、贫困地区于一体，跨省交界面积大、少数民族聚集多、贫困人口分布广的连片特困地区。

武陵山片区跨省交界面积大，少数民族人口多，贫困人口分布广，贫困程度深，贫困类型多，在全国很有代表性。2011 年，国务院决定在武陵山片区率先开展区域发展与扶贫攻坚试点，并且在 14 个片区中第一个批复了《武陵山片区区域发展与扶贫攻坚规划（2011—2020 年）》。① 武陵山区也由于具有集中连片特殊困难地区的代表性特征，而成为中央相关部门和学术研究团队开展实证调查的首选之地。

---

① 温家宝：《尽快改变连片特困地区的落后面貌》，《人民日报》2012 年 5 月 30 日。

不同于毕节地区的是，该区域横跨了 4 个省的部分地区，并且少数民族人口众多。因此，区域扶贫要统筹处理好经济发展、各地区之间的协调和民族问题。

2. 跨区域协调发展的制度创新

《武陵山片区区域发展与扶贫攻坚规划（2011—2020 年）》中对武陵山片区战略定位是：扶贫攻坚示范区、跨省协作创新区、民族团结模范区、国际知名生态文化旅游区以及长江流域重要生态安全屏障。一直以来，武陵山地区山同脉，水同源，族同宗，经济文化同类。然而由于历史的原因，这里被众多的行政区划"分而治之"，成为一个个弱小而且贫穷的行政区经济；各区域之间地方保护主义盛行，而且重复建设情况严重，缺少整体的规划；各地区利用相似的资源禀赋发展相似的产业，导致无序竞争的现象。

新时期的扶贫战略决定了各区域必须加强合作，做好跨省的协调工作，建立跨省协调机制。一是协调湘、鄂、渝、黔四省（市）毗邻地区，成立武陵山经济协作区；二是协作区内各方本着政策互惠、信息互通、资源共享、市场共建的原则发展经济；三是构建武陵山经济协作区，进一步整合区域内资源，使区内的竞争由无序导向有序。

3. 民族和谐的制度创新

武陵山区是我国最大的跨省少数民族聚居区，有土家、苗、侗等 30 多个民族，少数民族人口约占片区总人口的 1/2，占全国少数民族人口的 1/8。

首先是全面落实民族政策。以湖北为例，湖北建立了"湖北武陵山民族团结进步示范区"，成立最高规格的领导小组，由省委书记担任武陵山少数民族经济社会发展试验区及民族团结进步领导小组组长，省直机关 55 个厅局一把手任对口帮扶小组组长。

其次是保护发展民族文化。武陵山区作为少数民族聚集的地区，一方面要响应国家的决策，大力保护和发展民族文化；另一方面也要趁着文化体制改革的契机，在大力发展民族文化的同时发展民族经济。武陵山区有着丰富的民族文化资源，以湘西凤凰古城、湘西老司城、恩施唐岩土司皇城遗址、黔江巴人悬棺及苗家水寨、德夯苗寨、黔江南溪号子、秀山花灯、土家山歌（太阳歌、黄杨扁担）、土家摆手舞和茅古斯、恩施撒尔嗬等为代表，拥有厚重的民族文化底蕴，是文化建设的宝贵资源。《武陵山片区区域发展与扶贫攻坚规划（2011—2020 年)》明确要求，要推进民族文化品牌的传承与保护，大力扶持民族文化精品工程，加强民族文化设施建设和民族文化及自然遗产保护，发展民族工艺品。

4. 扶贫工作的制度创新

从《武陵山片区区域发展与扶贫攻坚规划（2011—2020 年)》中，我们可以明显感受到该地区在扶贫思路上的创新。

首先是实行产业化扶贫。在规划中提到了要充分发挥各种合作组织、致富带头人的作用，加大对农户的资金扶植力度，鼓励企业进入贫困地区，为贫困地区的农民提供各项服务，并积极推行订单农业，促进农超对接。

其次是实施了"雨露计划"，提高人口素质。主要内容是鼓励困难家庭的劳动力参加就业技能培训，引导农民积极参与当地特色产业的发展，加强培养贫困村产业带头人带领当地人民共同致富增收的能力。

最后是提出旅游扶贫的发展思路。旅游产业一直以来都是武陵山区域内的重点产业。大力推进旅游扶贫，可以促进旅游产品的生产、交换和消费等行为在贫困区域内一同出现，逐步实现财富、经验、技术和产业的转移，从而加强该地区的内生增长动力，促进该地区的自我发展，从而也会缩短其脱贫致富的时间。

五　下一阶段反贫困的制度思考

随着 2011 年《中国农村扶贫开发纲要（2011—2020 年）》的发布，我国的反贫困事业进入了一个新的阶段。其特点一是贫困线的大幅提高使得贫困人口大幅度增加，二是国家采取了重点扶持连片特困区域的新思路。

（一）着力改善收入分配制度——提高劳动收入在收入分配中的比例

在宏观上，我国要致力于加快贫困地区的经济发展速度，因为只有整个地区的经济水平提高，社会的总财富才能增加，贫困人口的收入才能有上升的空间。而在微观上，政府更要保护穷人的利益，使穷人获得更多的财富。但是，现在越来越大的贫富差距一方面减小了经济增长对于反贫困的促进作用，另一方面也延缓了经济的发展速度，而且更加不利于穷人财富的增长。

近几年在我国学术界对于收入分配的研究非常多，普遍的观点是我国的收入差距情况已经到了非常危险的状况，并呼吁各级政府采取措施来减少收入差距的进一步拉大。对于如何减少收入差距，学者们也提出了很多看法，其中最为关键的是直接提高劳动收入的比重。改革开放以来，众多的农民工进城打工，这带来了几乎无限量的劳动力供应。廉价劳动力的无限供给，一方面促进了我国经济的发展；另一方面由于劳动工资偏低，劳动收入在财富分配中处于绝对的弱势地位。

（二）完善贫困人群的社会救助制度——完善现有制度并发展就业促进制度

30 多年来，随着城乡低保制度在全国范围的普遍建立和其他专项救助制度的不断完善，一个以城乡低保、农村"五保"、灾害救助、医疗救助为基础，以临时救助为补充，与廉租住房、教育、司法等专项救助制度衔接配套、覆盖城乡的社会救助制度体系已在我国全面建立。[①] 但是不容否认的是，现有的救助制度还是存在很多问题，有继续完善的空间，具体来说，存在着理念不足、法制化水平不高、管理不善以及运行机制不健全等种种问题。因此，政府在认识上要确立以人为本的救助理念。一方面，我国在逐步完善现行的社会救助制度；但另一方面，传统贫困救助制度基本还停留在救济式的福利给予阶段，还仅是解决贫困人口的生存模式。在现行的贫困救助制度体系中，因为就业激励制度和援助制度的缺失，有劳动能力者依靠生活救助的现象很突出。真正的救助制度应该重点集中在提供就业岗位和提高就业技能上，因此，建立、健全就业援助制度，促成有劳动能力的贫困人口积极劳动自救，建立生存保障与就业激励有效衔接机制，为其劳动就业给予必要的手段、机会和能力性援助，才是我国下一阶段贫困救助制度优化的基本取向。同时，政府应建立强大、专业的就业服务体系，把更多的公共建设和公共服务岗位留给贫困的人群，倡导贫困人群去工作而不是依赖国家给的救助，提高愿意工作的贫困人群的收入。

（三）提高贫困人群创造财富的能力

阿玛蒂亚·森在《以自由看待发展》一书中，提出了能力贫困理论，并认为贫困可以被看作一种对基本可行能力的绝对剥夺。可行能力是指一个人有可能实现的、各种可能的功能性活动，它是一种自由，是实现各种不同生活方式的自由。他指出，收入的不平等、性别歧视、医疗保健和公共教育设施的匮乏、高生育率、失业乃至家庭内部收入分配的不均、政府公共政策的取向等因素都会严重弱化甚至剥夺人的可行能力，从而使人陷入贫困之中。[②] 能力贫困理论强调人的可行能

---

① 朱德云：《我国贫困群体社会救助制度存在的问题及成因分析》，《齐鲁学刊》2009 年第 5 期。

② 杨成波、王磊：《简论阿马蒂亚·森能力贫困理论对完善中国低保制度的启示》，《生产力研究》2010 年第 5 期。

力，就是要增强人的生产力和反贫困的能力。

上述理论对我国的扶贫事业具有很强的启示作用。中国的反贫困不仅要从宏观上进行规划，而且对于每个贫困个体，要注重加强他们创造财富的能力，要进一步努力提高贫困地区人口的受教育水平。从中央到各级地方政府，要加大对贫困地区教育的转移支付力度，以期能够形成完善、长效的制度性安排；要让农村享受到更多的教育资源，普及九年义务教育。另外，政府应该创新制度，引导贫困人群多储蓄，使他们能够拥有一些资产性质的资源。收入可以看作"资源"的流动，而"资产"则是资源的存储；收入具有短期的消费效应，而资产却具有长期的储蓄、增值和投资效应。因此，收入只能够维持穷人的现期消费，而资产会改变穷人的思维方式和行为能力。[1] 索洛的经济增长模型显示，储蓄率越高，经济的增长潜力就越大；一个国家拥有越高的储蓄率，其稳态时的经济发展速度就越快。对于一个人来说更是如此，只有资产不停积累的人才能越来越富裕。基于此，政府在开展新一阶段的扶贫工作时，可以针对贫困人群的特点，给每个家庭设立一个账户，即如果这个家庭能按时地存入一定的金额，则国家也在此账户上存入一定的金额。但是这个账户只能有特定的用途，比如上学或者参加培训之类。依此类推，整个村子也可以进行类似的规划，把每个人的钱集中起来，由此得到了属于整个村子的资产。另外，农民的一些资产实际上并没有体现出他的经济价值即没有估价。比如，农民对自己土地的使用权和城市居民的房产权就有差异，城市居民可以把房子出租从而提高自己的收入，房子也可以升值，但是农村的土地市场却没有放开，农民不能靠土地获得更多的收益。如何让农民获得更多的资本积累，这应该是政府下一阶段制度创新的方向。

---

① 毕红静：《我国农村反贫困政策创新研究》，《前沿》2011 年第 19 期。

（四）提高贫困人群的社会资本——在政府的帮助下发挥社会爱心人士的作用

社会资本是指"社会中的组织结构所包含的社会关系和规范，促使人们协调、合作以达到理想目标"（世界银行的定义）。社会资本本质上是一种支持性关系，它可以减少人们达到目的的成本。最为明显的就是在中国这样的关系型社会中，大多数人都会利用自己的关系网络得到资源以及利用资源。一个人拥有的社会资本越多，越容易获得社会支持，从而获得更高的收益。社会资本对于我国扶贫工作也起着巨大的作用。世界银行的发展报告中曾经把社会资本称为发展的"缺失的链条"。周文等人将社会资本对于扶贫工作的影响总结出了3个范式：资本范式、制度范式、关系范式，并认为根据我国政府主导扶贫工作的特点，接下来在社会资本对于扶贫工作影响的研究方面应该把政府主导作为条件，不能生搬硬套国外的研究。[①] 李晓红总结道，在我国，社会成本可以降低政府得到贫困信息的成本，有利于政府获得贫困人群的信息。因为社会资本，政府可以借用私人关系来推广政府的一些扶贫政策，这样可以加强政府与贫困人群的直接合作。[②]

运用社会资本，贫困人群可以经过熟人介绍这类办法找到工作，也可以得到一些在银行里得不到的资金支持等。显然，提高贫困人群的社会资本将有助于贫困人群的脱贫。相对于城市人口，农民之间的社会资本量少、不易维持且发展的途径少。[③] 所以，要想提高贫困人群的社会资本，就要想办法让他们能接触到更多的人，最好是异质性人群。政府可以多牵头成立一些农民间的组织，创造途径以提高他们的社会资本量。

---

① 周文、李晓红：《社会资本对反贫困的影响研究：多元范式的形成与发展》，《教学与研究》2012年第1期。
② 李晓红：《社会资本的当下功用与政府反贫困前瞻问题》，《改革》2012年第2期。
③ 郭建宇：《社会资本视域下的贫困农户减贫分析》，《商业研究》2011年第3期。

第七章　和谐社会构建中的制度
创新路径与模式

随着市场体制的不断发展，市场化改革也将逐步深化。同时，由于中国经济社会的发展面临资源、环境和社会等诸多不和谐因素的困扰，因而影响了经济社会的可持续发展。正是在这样的背景下，构建和谐社会的命题孕育而生。因此，发展理念的转变，经济社会发展模式的创新，社会不和谐因素的逐一解决，经济社会的协调发展，成为构建和谐社会的重要内容。而国家综合配套改革试验区的成立，正是为了适应和谐社会建设的要求，进而适应现阶段改革特征并符合当前深化改革任务而采取的多角度、协调性和整体性的全方位举措。这种改革强调以科学发展观为指导，内容涵盖经济社会生活的方方面面，包括经济体制、政治体制、文化生活、社会和谐、生态环境等，更加突出各项管理体制的创新。各试验区在推进改革中，改变了以往依赖中央政府给予"输血式"政策和财政支持的做法，而是凭借中央赋予的先行先试改革权利去探索"造血"机制。各试验区各自肩负重任，针对阻碍经济社会发展的诸多不和谐因素，为实现和谐发展，为打破改革过程中阻碍经济社会运行效率最大化的体制障碍，以实现经济社会各方面的协调发展，在体制创新路径方面进行了许多有益的探索。

一　和谐社会建设、综合改革试验区与体制创新

（一）体制创新是构建和谐社会的关键

中国 30 多年来的改革开放，其本身就是一项浩大的体制创新行动，虽然体制创新使得中国的经济连续保持了 30 多年的快速增长，但长期累积还是形成了一些深层次的问题，如经济结构不合理，产业技术水平低，经济增长方式粗放，资源约束和环境压力加大，特别是政府自身改革和职能转变滞后等问题依然严重。在此形势下，我国于2004 年提出构建和谐社会，这是在把握我国经济社会发展新变化的基础上，为适应经济市场化、政治民主化和文化多样化而提出的新型社会治理模式，而任何一种新型社会治理的模式，都离不开体制的创新。实现社会和谐，构建美好社会，始终是人类孜孜以求的一个社会理想。构建和谐社会是一项将物质文明、政治文明、精神文明、生态文明建设与和谐社会建设统一考虑、统一规划、统一实施的重大系统性工程。改革开放以来，我国实行的体制创新注重的是物质文明，而与此相适应的文化价值，经济、社会伦理和道德规范则滞后于经济发展，这说明仅改革一种体制是远远不够的。为了形成协调一致的经济社会体制，我们还必须进行多项配套体制创新，要特别注重体制创新中的整体协调和综合配套，否则即使移植了最先进的体制也达不到效果。目前，我国正处于经济社会转型的特定历史时期，社会层面诸多不和谐的深层性、根本性原因之一就是体制性原因。可以说，我们构建和谐社会的过程，将是一个深刻的以经济市场化和社会保障改革为取向的体制创新过程，在这一过程中，我们必须要以体制创新为动力，通过深化改革，切实克服影响社会和谐的体制弊端，建立新的经济社会体制规范，为和谐社会提供新的体制保障。

（二）综改试验区建设是我国体制创新进入新阶段的标志

2005 年，在中央政府的批准下，浦东新区综合配套改革试点区正

式成立，天津滨海新区，成都、重庆、武汉、长沙、山西等综合配套改革试点区也相继成立。与过去的渐近式改革、边际改革不同，综合配套改革是全方位和整体性的深入改革，包括经济、政治、社会、文化的改革，是综合运用经济、政治、法律等手段，发挥企业、政府、社会等各方面作用，集中力量攻克我国改革难点的改革，是我国渐进式改革进入新阶段后在区域上对改革进行的实验与探索，其目标是为建立更加完善、更加高效的市场经济体制而进行的探索和试验。

从我国改革的进程来看，这种综合配套改革是非均衡体制创新向均衡体制创新发展的需要。一直以来，我国的各项改革主要以非均衡体制创新的方式向前推进，如在经济领域改革之后，推进了政治与社会领域的各项改革；在经济领域内，又先推进了产品市场改革，而后再推进生产要素市场改革；市场改革后进行的产权改革，在地域上采取先沿海再沿边沿江，进而区域推进的方式进行。这种非均衡的体制创新，能够将改革与发展、稳定三者的关系处理得当，确保改革朝着既定的目标，不受干扰地前行。但是就改革开放的总格局来看，目前的改革主要存在"两个多"和"两个少"的问题：部门改革和局部改革较多，综合协调改革较少；经济体制改革多，其他方面改革较少。因此在改革的过程中，各方面改革的不协调性就凸显出来了，出现了某些改革超前和某些改革滞后相互"胶着"的局面。这种局面对现有的改革造成"瓶颈"制约，导致某些改革后退或者停滞不前。

当前，我国的改革开放已经由经济体制改革进入到经济社会协调改革的新时期，在现阶段及未来一段时期内，传统、单一的经济体制改革的边际效应将呈现逐渐递减的现象，各种不和谐因素也将逐步呈现，改革方式的创新呼之欲出。因此，建立在先前体制创新经验和问题基础上的综合配套改革就显得尤为重要。为此，过去依靠单项改革逐步推进的改革方式在综合配套改革中就需要逐步剔除，区域综合协调改革的优势要在政府的支持和鼓励下得到进一步发挥，各项改革举措之间需要形成互动和联动机制，以便在综合和配套推进的过程中，去解决先前改革所导致及未解决的不和谐因素，打破改革的"瓶颈"制约，这也预示着改革体制创新的新阶段的到来。

（三）综改区建设是构建和谐社会的重要阶段和关键环节

建设和谐社会，既是一种治国的理想，又是一种治国的方略、治国的机制，同时也是一种治国的结果，是目标与过程的统一，它涉及政治体制、经济体制、社会体制、文化体制全方位、系统性的改革与完善。

构建和谐社会，不可能全国齐头并进、整齐划一，而且各方面共同推进的难度也相当大并且风险高。进行综改区建设没有成熟经验可借鉴，只能边试边改，步步为营，由点及面推进，因此我国先选择上海浦东新区、长沙、成都等区域进行"先行先试"，在取得经验后再进一步推广，这是和谐社会建设必然要经历的阶段和体制创新的关键环节。

正确认识和处理好构建社会主义和谐社会与综合配套改革试验区的关系，特别是深刻理解并把握两者在体制创新方面的长期性、渐进性和阶段性的辩证统一关系，具有非常重要的理论意义和实践价值。构建和谐社会是综改区建设的根本方向，体现了改革开放发展新阶段的迫切要求。社会和谐是中国特色社会主义的本质属性和战略目标，综合配套改革试验也必须在以和谐社会为主题的社会构建过程中来推进。不断深化改革，持续和全面地推进体制创新，是成功构建和谐社会的充要条件。先前改革未解决的问题及新出现的问题也只能通过进一步深化改革来解决，从而最终化解社会不和谐因素，达到构建和谐社会的目标。现阶段在经济社会运行中出现的诸多不和谐因素，都可以并能够通过综合配套改革来解决。我们不能因发展中出现各种社会矛盾就在改革上畏首畏尾，甚至走回头路。这样不仅会使发展中面临的一些深层次矛盾和问题难以解决，而且也会引发新的社会不和谐。

因此，可以说，构建和谐社会的过程，也就是不断深化改革、体制创新的过程。在新的改革和发展阶段，体制创新的重点和力度必须有新的调整和重点转移，按科学发展与和谐社会的目标和要求，从不同的层面来全方位推进经济体制、政治体制、文化体制和社会体制的改革，并且不失时机地在一些重点领域和关键环节取得新的突破，进而解决发展中出现矛盾和问题的深层次体制根源。

二　国家综合配套改革试验区体制创新的实践

综合配套改革试验区从 2005 年在上海浦东新区设立伊始，目前从 1 个发展到了 10 个，而且综合配套改革试验的内容也不断丰富和完善。经过这么长时间的实践，各试验区因地制宜，肩负着各自的改革任务，随着一系列改革举措的相继出台，在体制创新方面也已经取得一定的成绩。从现有的综合配套改革试验区的体制创新实践出发，总结和分析其中遇到的问题和难点，可以为未来体制创新路径的选择提供一定借鉴。

（一）"综合型"国家综合配套改革试验区的体制创新

在全国诸多的配套改革试验区的城市和地区中，上海浦东新区综合配套改革试点、天津滨海新区综合配套改革试验区、深圳市综合配套改革试点等属于"综合型"配套改革试验区。

1. 上海浦东新区综合配套改革试点的体制创新

按照改革的总体要求，着力转变政府职能，着力转变经济运行方式，着力转变城乡二元经济与社会结构这 3 个方面是上海浦东新区综合配套改革试点要立足的"三个着力"点。为此，《浦东综合配套改革试点总体方案》和《2005～2007 年浦东综合配套改革试点 3 年行动计划》在上海市的统一部署下诞生，这些方案和改革措施囊括了政府体制、市场体制、企业体制、中介组织体制、公共部门体制、科技创新体制、人力资源开发体制、城乡统筹发展体制、涉外经济体制、社会保障体制 10 个方面的内容。

（1）实施产业与国际对接战略。自试验区成立以来，浦东新区始终坚持将产业选择与国际接轨，国际资本、技术、管理被充分利用到发展浦东的电子、软件、生物制药、金融等现代服务产业群方面，总部经济、外资企业和现代服务业得到重点发展。同时，进入产业的门槛和标准也不断提高，资本投入程度、技术层次、集聚化程度的高低成为产业选择主要依据，并以此决定产业取舍和布局。这种与国际产业对接战略，一方面可以促进区域产业向高级化的方向发展，从而避免了低端产业发展的干扰，提高了资源的利用效率；另一方面，可以规范和专业化产业的发展，阻止了产业的非锁定性转移，使得试验区内产业与外来高端产业有效接轨，促进试验区产业的升级和结构的优化调整。

（2）拓展融资渠道并建立创投基金。自 20 世纪 90 年代开始，浦东新区为了获得更多的开发建设资金，在上海市创新性地率先施行地方政府举债机制，这一举措得到党和政府的支持，浦东新区向国际金融机构申请借款。在被批准成立综合配套改革试验区后，除了吸引外资外，浦东新区还通过设立中小企业创新风险基金，推动广大中小企业的科技创新，商业银行在体制政策鼓励下也参与到企业的创新融资计划中，制订了科技企业信用互助融资计划，为此，科技型中小企业可以多渠道融资以获得发展。在后来的深化改革中，浦东新区进一步将盘活存量资本作为主要的融资手段，通过市场机制为基础设施建设融资，具体实行"财政空转，土地实转"的方式，将土地这一要素推向市场，允许把土地作为贷款的抵押品以及上市融资等。

（3）扶持中介服务机构与构建高效率政府。上海浦东新区从管理体制创新的视角出发，进行综合配套改革，整个改革过程就是一个政府管理体制创新的过程。伴随着改革的进一步深化，各项管理体制的改革也逐渐开展起来，特别是审批权限的下放，在一定程度上减少了审批环节，执法、问责、监察等各项机制都得到了一定程度的完善，政府职能转变和简政放权工作也得到进一步推进，一部分社会管理职能下放给一部分企业及社会中介组织，小政府、大服务的格局逐渐形成。由此，政府部门的行政效率得到了有效提高，企业、社会中介组织等在一定程度上获得了服务经济、回报社会的空间，推动了我国政府服务模式与国外发达国家政府服务模式的接轨。由于受外源性因素驱动，"飞地经济"和"孤岛"等风险是无法避免的，因此，为构建区域产业配套链条，防止外资的"出逃"，就必须发挥本土企业的适应能力和创新能力，避免对外资、对技术的过度依赖，将自主创新放在最重要的位置。所以，在综合配套改革的过程中，如何利用自身优势进行自主创新是浦东新区下阶段需要着手解决的问题。

2. 天津滨海新区综合配套改革试验区的体制创新

针对滨海新区的体制创新，中央政府的有关规定和要求如下：鼓励滨海新区进行金融改革和创新；推动滨海新区进行土地管理改革；推动滨海新区进一步扩大开放保税港区；给予滨海新区一定的财政税收政策扶持；启动包括试行企业自愿结售汇等在内的 7 项外汇管理体制改革试点，这将是天津滨海新区综合配套改革试验区开发开放的工作重点；同时，特别强调配套改革在科技、涉外经济体制、土地、行政管理体制等方面要取得突破性进展。

（1）强化组织领导，实施大宏观战略。根据中央政府的有关精神，天津滨海新区成立了以市委书记任组长、市长任第一副组长，由滨海新区管委会的主要领导担任副组长的开发开放领导小组，同时滨海新区的综合配套改革工作由市政府与区政府有关部门共同负责。天津滨海新区的任何具体改革方案都必须由领导小组进行论证和研究，同时对相关的基础设施建设、招商引资、环境治理、产业空间规划等与综合配套改革相关的重大问题进行深入研究。对于日常工作安排，则明确各项责任要落实到专门的部门和专门的人员，形成相关单位配合，具体职能部门执行的工作格局。

（2）推动改革深化，消除体制障碍。由于天津滨海新区未来的目标是将自己打造成全国规模最大、水平最高的现代化制造和研发转化基地，因而消除体制障碍应该是天津滨海新区综合配套改革的题中之义。滨海新区正在以下几个方面努力消除体制障碍：建立土地储备体制，拓宽自我调控空间，发挥土地储备中心的功能和作用；建立创业孵化、信息服务、政府服务以及相关的工商、税收等一整套培育自主创新能力的体制；探索功能区带动行政区的联动机制；修改和完善《天津滨海新区条例》，为滨海新区现代制造业基地建设提供法律保障。

（3）坚持重点突破与整体创新相结合。为了顺利实施滨海新区综合配套改革的总体方案，新区的《总体方案三年实施计划》（2008—2010年）也在科学评估和论证的基础上制订出来了。该计划主要涉及金融体制改革、涉外经济体制改革、土地管理体制改革等10个领域的20个改革重点项目，提出涉及相关重点领域的关键环节必须得到突破，同时又涵盖了综合配套改革的总体意图。为协调经济社会发展过程中的深层次问题，滨海新区又将经济体制改革与其他方面的体制改革结合起来统筹安排和布局，先行先试，进而为全国的改革和发展总结和提炼可供参考的改革经验。

3. 深圳市综合配套改革试点的体制创新

《深圳市综合配套改革总体方案》涉及深圳市6个方面的重点突破：一是建立资源节约、环境友好的体制机制；二是深化行政管理体制改革；三是积极推进社会领域改革；四是全面深化经济体制改革；五是积极推进社会领域改革；六是完善自主创新体制机制。

（1）完善知识产权体制。深圳特区是改革的第一批示范窗口，不仅在资金方面敢为人先，在技术和人才方面也取得了长足进步。伴随着改革，自主创新体系建设一直是深圳特区的一项重点工作，为了加强区域创新能力，深圳特区构建了一系列知识产权体制。比如，深圳市出台了《无形资产评估管理办法》《技术成果入股管理办法》《专利申请资助管理办法》等，不仅从政策、资金等各方面扶持本地高科技产业的发展，力求提升自主创新能力，而且将国家创新型城市建设纳入了未来发展的规划当中，促进城市经济活力涌现。深圳市还先后出台了《深圳经济特区改革创新促进条例》《关于实施自主创新战略建设国家创新型城市的决定》等。不断完善的知识产权体制，使深圳的产业创新、发展方式转变等得到了有力的保障，全社会、全方位、全过程的自主创新格局也初步形成，政府管理体制逐渐与国际接轨而转向服务型，鼓励不同社会参与主体之间采取更深入的合作，这种灵活的创新机制提高了区域整体的创新能力，随着经济社会的不断发展，产业结构的优化和升级也具有了必然性。

（2）规范行政审批体制。深圳市先后多次实施了政府管理体制改革，实现政府职能的转变，提升机构效率，其中，规范行政审批体制是一项重要的改革内容。

行政审批体制是计划体制的产物，是经济出现寻租现象的诱因。一方面，行政审批体制作为社会活动审批项目的主体，显然与市场经济体制改革不相适应；另一方面，拥有行政审批权力的部门很容易形成各自为政，甚至政出多门的局面，从而制约政府综合协调的作用；此外，由于政府部门对资源配置拥有重要的决定权，因而出现对利益分肥现象。因此，行政审批制度的存在是政企不分的重要原因，更是腐败的温床。经过多年的改革，深圳审批体制改革取得了显著的成绩，其中实施的两轮政府审批权改革，就将原有的1091项审批事项减少到251项。目前，深圳市正在依据《关于深化我市行政审批体制改革的实施方案》实施第三轮政府审批权改革，计划将审批事项再减少30%。同时，深圳市政府提出坚决防止借改革之名出现"避重就轻"现象，对无关紧要的审批项目简单裁减，而对一些涉及关键部门的利益、重点项目紧抓不放。

（二）"城乡统筹"国家综合配套改革试验区体制创新的实践

2007 年，中央政府批准成立了以成都和重庆为试点的全国统筹城乡综合配套改革试验区。

1. 成都城乡统筹综合配套改革试验区的体制创新

成都市按照"统筹城乡"综合配套改革试验的总体要求，近年来因地制宜，实事求是，积极探索出了一系列新的改革举措。第一，将产业、土地和农民三者有机结合，形成"三集中"的形态，即将工业规划到工业发展区发展，土地面向规模化集中和农民向城镇集中。第二，建立和完善要素流动市场。通过建立统一集中的土地市场和完善土地承包经营权流转办法，推动土地要素的自由流动；通过建立城乡统一的户籍体制和城乡一体的劳动力市场，推动劳动力要素自由流动；通过推进投资体制改革和减少市场准入限制等，推进资本要素自由流动。第三，建设服务型政府。通过推进规划体制、行政审批体制和行政管理架构改革，建设规范化服务型政府。第四，推进民主政治建设。在社会领域，通过开展基层党组书记公推直选和积极推行社会评价的方法，推进基层民主政治建设。

（1）还权赋能，推进农村土地、房屋等资产化。早在 2008 年，农村地区的产权体制改革就在成都市首次拉开帷幕。土地资源的使用权、经营权及流转等细节性、具体性内容都得到了明确界定和量化，农民对农村地区的耕地、山地、建设用地等使用权和经营权在此基础上得到进一步规范。"确权"以后，政府给农村两大类的 6 项产权颁发了产权证书，使农村具有"集体"性质的各项产权被"量化"到具体的个体和农户，从法律的层次保障了农民对农村财产的使用、收益、转让等权利。由此，现在农户对原先只拥有使用权的各项财产具有了进行市场交易的权利。

在统筹城乡发展过程中，成都市耕地保护经济补偿机制也得到了进一步创新，耕地保护基金得到了建立和完善。同时，"三集中"在新一轮土地规划修编中得到了积极推进，实现了"工业向工业集中发展区集中，农民居住向城镇中心村和聚居点集中，农用地向规模集中"，实现耕地占补平衡，特别是基本农田作为耕地得到了有效保护。农村的各种要素资源可以进一步资本化，农村产权交易所得到建立和完善，三级产权交易体制得到真正的落实。

（2）以利用土地的级差收益为重点，大力开展土地综合整治。要达到城乡土地使用一体化的目标，开展城乡建设用地增减挂钩势在必行。要建立有效的城乡建设用地配置机制，政府相关部门就应该严格执行城镇建设用地数量增加与农村建设用地减少相互联系配套的政策机制，综合协调城乡一体化发展。一方面，城乡现有的发展空间要得到充分扩展；另一方面，农村地区要获得更充裕资金来更好地经营耕地。城乡土地一体化通过这种体制安排，拆借的土地主要用于农村居民的集中居住区建设，城乡的各种资源得到了优势互补。

在实践过程中，为了解决成都市农村地区灾后重建工作中的资金不足问题，成都市所试点的这种体制被广泛用于灾后重建。在引导农民向城镇和农村新型社区集中的过程中，成都市在现有城镇体系格局的基础上，根据全市区域发展条件、生态环境保护以及人口分布的要求，实施城乡统筹、城乡衔接、覆盖全市的城乡规划。在引导农民集中居住方面，首先被征地农民和规划范围内可能被征地的农民被集中安排到城镇居住，为其提供培训、社会保障及良好的居住条件，进而提供产业支撑。在部分中心城区，一步到位实现农村与城市社区完全接轨，农民转变为市民。在县城和区域中心镇，在积极引导农民向城镇集中的同时，利用推动土地向规模经营集中的空间，腾笼换鸟，积极推进建设农村新型集体经济。

（3）以推进城乡统筹发展为目标，构建新型城乡发展一体化格局。成都市试验区统筹城乡规划的起点较高，从发展定位、产业选择、基础设施建设等方面将城市、乡镇、农村都纳入一体化发展体系，以探索未来城乡统筹发展之路。

城乡统筹主要包含以下 3 个方面的内容：第一，统筹城乡基础设施建设，除道路交通设施外，在水电、废物回收与处理、通信、广播等领域实现了城乡一体化；第二，推行统筹城乡管理模式，改革管理体制，扭转政出多门、职能交叉、城乡分割的局面；第三，统筹城乡公共服务，包括教育、就业、保障、医疗、卫生等方面。

2. 重庆城乡统筹综合配套改革试验区的体制创新

重庆市按照总体部署，按照以点到线再到面的试验方法，先行先试，然后再向全国渐进式推广。在已有的综合改革试验中，重庆市先后出台了关于城乡统筹、城乡就业、城乡交通建设、农民变市民的方式、市政设施管理以及中小企业创业基地的管理等方面的改革措施。其中，最具特色的是农民可以用宅基地交换城市住房，农村土地承包经营权可以来交换社会保障，这样农民就没有了后顾之忧，农村剩余劳动力向城市的自由转移在主观上就具有了可行性。

（1）构建统筹城乡的体制机制。首先是构建统筹城乡的行政管理体制，进一步合理划分市、区县、乡镇三级政府管理权限，着力构建统筹城乡的公共财政体制框架；其次是构建城乡全覆盖规划管理体制，着力完善区县、镇、村三级规划体系，修订了村级规划导则，启动了 105 个市级重点镇规划编制工作；再次是形成"一圈两翼"城乡结对帮扶机制，将以重庆主城为核心、一小时车程为半径的经济圈作为"一圈"，将以万州为中心、重庆三峡库区为主体的渝东北地区作为"两翼"，从产业联动、就业转移、教育互助等 8 个方面建立帮扶机制。

（2）推进城乡公共服务均等化及其体制建设。一是统筹城乡的就业服务体系得到了建立健全。比如，采取建立"全国劳务电子商务平台"劳务输出服务体系，开通农村劳务信息网，开辟农民工户籍转入城镇的"绿色通道",放宽户口迁移限制等措施;通过发展职业教育,让更多的农民有机会接受教育和培训,以便提高农民素质;资助三峡库区移民等人员就读中等职业技术学校,帮助农村孩子经过职业培训再进入劳动力市场;等等。由此,城乡就业一体化就可能实现。二是加快建设统筹城乡的社会保障体制。政府通过调整补偿政策,提高农民的征地补偿标准,统筹实施城乡低保工作,形成全方位、全覆盖型的城乡低保格局;在体制层面初步统筹城乡居民合作医疗保险,实现"一个平台、两套标准"。

(3)推进城乡土地有序流转和集约利用。重庆在综合配套改革中,探索总结出了农村土地流转模式,构建县、乡、村三级土地流转服务机构,农民及农村集体经济组织在"依法、有偿、自愿"前提下,使流转土地得到了引导和规范,以土地"确权"的凭证入股,土地交易市场化得以实现,进而土地经营的集约化和规模化得以实现。

(三)"两型社会"国家综合配套改革试验区的体制创新

2007 年,经国务院批准,武汉城市圈和长株潭城市群成为"两型社会"综合配套改革试验区,开始进行全国资源节约型和环境友好型社会建设综合配套改革。

1. 武汉城市圈综合配套改革试验区的体制创新

在"两型社会"建设综合配套改革中,武汉城市圈从自身实际出发,在各个领域都采取了有效举措:强力推进"四个专项治理",推动重点领域节能措施的有效实施,完善节能减排工作机制;推进工业废弃物综合利用和再生资源回收利用等工作,加强资源循环利用,大力发展循环经济;建立突发水污染应急机制,完善城市空气污染监测体系;建立"环保核定、地税征收,银行入库,财政监管"的工作模式,形成有利于环境保护的体制机制;按照资源节约型社会的要求,坚持以市场为导向,形成有别于传统模式的产业集群,整合产业资源,调整产业结构。

（1）进一步强化区域交通与流通优势。在改革开放的进程中，中部地区经济发展出现塌陷现象，传统的城市区域优势逐渐弱化。在这一背景下，武汉城市圈在民航、商务贸易、海关等大通关进行了试点改革，重新强化和集聚武汉城市圈在整个中部区域的交通和流通优势。在新一轮综合配套改革试验中，武汉市就海关大通关、保税物流等试点问题同商务部、民航局、交通部等国家部委进行磋商，建立战略合作关系，重新布局和建构武汉城市圈区域交通与流通优势，进一步凸显和强化了区域性的区位优势。

（2）加大科技创新力度。一是设立科技创业板市场和产权交易市场，有效解决试验区内生科技创新动力不足的难题。二是扩大国家创新型企业的试点权，提升圈域内的自主创新能力；加大与国家部委的合作，进而争取更多政策优惠和扶持。三是在综合配套过程中，探索改革知识产权保护的机制和体制。

（3）率先探索主体功能区的管理模式。在综合配套改革试验中，武汉城市圈为了科学合理地利用土地资源，同时兼顾城市圈自身的资源环境、社会经济发展状况，积极探讨土地资源的集约式管理模式，按照主体功能区的要求，调整经济布局，更新产业发展的思路。首先是统一评估区域内的国土资源价值，使得每一块土地都能得到最为集约的利用和开发；其次是充分考虑环境保护的因素，尝试建立以国土利用为核心的经济社会发展考核指标体系；再次是建立产业和城市发展的土地约束机制，避免其过度膨胀和无序发展；最后，以技术创新为手段，结合武汉城市圈主体功能区的特性，充分挖掘区域国土资源的潜力，制订关于土地资源集约利用的技术创新体系。

2. 长株潭城市群综合配套改革试验区的体制创新

长株潭城市群在建设综合配套改革试验中，根据资源节约型和环境友好型社会建设综合配套改革试验的要求以及自身特点，将改革的侧重点放在以下方面：推进区域经济一体化，构建城市群区域协调机制；创新投资政策、财税政策、土地政策、生态补偿政策等方面的机制；将循环经济的模式作为经济增长的载体，促进经济增长方式的转变。具体来说，主要包括以下内容。

一是打破行政界限。为推进长株潭城市群商品和要素市场及公共服务一体化，政府建立、健全了跨市协作、统一布局、基础设施共享的机制，以保证综合基础设施体系布局合理、快速便捷，更现代化、智能化、人性化。二是探索新的投融资机制。政府积极推进长株潭金融一体化，探索建立合理的利益协调、税收共享机制，加大对生产性服务业、高新技术产业的税收优惠力度；拓展融资渠道并扩大直接融资规模，设立创业投资引导基金和长株潭风险投资基金，发行长株潭城市群市政建设收益债券和企业债券。三是对现有机器装备进行"节能减排"技术改造，针对不同层次提出专项或综合的循环生产方案及配套设施。四是创新环境保护体制。政府将资源消耗、环境损失和生态效益纳入长株潭发展评价指标，建立、健全资源环境产权体制和资源产权转让体制，实行资源回收激励机制，鼓励废旧物资回收和再生利用的产业发展，实现区域内废弃物处理设施共享，完善环境有偿使用体制。

（四）"新型工业化"和"资源型经济转型"国家综合配套改革试验区的体制创新

2010年4月，沈阳经济区被国务院批准为国家综合配套改革试验区，成为我国唯一一个以新型工业化为主要内容的实验区；同年12月，山西省也被批准为"国家资源型经济转型综合配套改革试验区试点"。

1. 沈阳经济区国家综合配套改革试验区的体制创新

沈阳经济区在综合配套改革试验中，着力推动各类要素、资源在不同城市间的自由流动，积极探索并深化商贸流通、金融体制、人才、户籍体制等方面的改革。

在工业发展方面，沈阳经济区针对淘汰落后和过剩产能两大问题，在着力发展新兴工业的同时兼顾提升传统工业；鼓励技术创新，以技术支撑资源开发，大力发展低碳经济、循环经济，提高能源的利用深度；推动产业集约化发展，积极发展产业集群以形成高产区、低投入、低排放的新型工业模式。

在城乡一体化方面，沈阳经济区着力引导农村人口向新城镇、新城市迁移，工业向园区集中，加快推进城镇化进程；同时以产业支撑农业，进而增加农民收入，为新型工业化铺垫道路和创造市场需求，为消除城乡二元结构奠定基础。此外，沈阳经济区通过大力推动创新型要素的集聚，加快整合城市间资源，为新型工业化提供载体。

在提高市场化程度方面，沈阳经济区通过加快改革，消除一切不利于市场经济发展的体制性障碍，促进生产要素和劳动力在不同市场间的自由流动，完善市场交易机制，降低市场交易成本，充分发挥市场在资源配置层面的基础性作用。

在经济区一体化、同城化方面，沈阳经济区通过实施交通一体化的发展缩短区域间的空间距离，尝试沈阳、抚顺、铁岭等地共同使用一个区号而实现通信一体化，打破行政区划对市场范围的限制，各个城市联合制定市场准入、工商管理、信息监控等政策措施，同时还在就业、社会保障、公共服务、生态保护等领域推进一体化建设。

2. 山西省国家综合配套改革试验区的体制创新

产业转型、生态修复、城乡统筹、民生改善等转型是山西省在改革试验中的主要任务。紧紧围绕这一主要任务，山西省全面推进各个领域的改革：社会体制改革以公共服务均等化为重点，经济体制改革以完善市场经济为目标，经济增长方式改革以消费需求为主导，收入分配改革以收入分配、资源性产品等要素价格和财税体制为突破口。

（1）行政管理体制改革。为了理顺和强化管理服务职能，必须调整和精简政府机构。山西省加快推行省管县配套改革，减少行政层级的设置，推进法治政府建设；深入研究公务员分类管理改革，加快实施步伐，使高效率、规范化服务的现代新型政府成为现实；大力推进行政审批体制改革，完善对规划、财税、土地、环保市容、项目审批、社会事业发展6个方面的管理权限，简化审批程序，提高管理效率和公共服务水平，确保行政运行机制和政府管理方式向公开透明、规范有序、廉洁高效转变，从实践中总结政府管理模式的中部地区特色。

（2）完善自主创新体制机制。山西省努力使自主创新的体制机制和政策环境得到逐步完善，优化配置创新资源，加快建立并迅速推进以企业为主体，以市场为导向，产、学、研相结合的技术创新体系，在山西主导产业、重点扶持产业和关键领域中探索和掌握一批核心技术和自主知识产权，以确保电子信息、生物、新材料、新能源、航空航天、环保等产业在技术上的突破；创新人才开发与配置的体制机制，加强高科技人才队伍建设，支持具有山西本地特色的办学试点工程，扩大重点院校定向直培人才的准入比例，适度扩大地方高校自主招收实用型、紧缺型人才的范围比例，鼓励企业与高校实行订单人才培养计划；推动科技体制改革，创新科技成果转化机制，支持高新科技园区在科技体制、科技成果转化方面的率先探索。

（3）进行资源节约和环境保护等方面的管理体制改革。山西省积极推动资源节约从行政行为逐步向市场引导转变，重点推进节地、节能、节水、节材等相关措施，具体包括以下方面：探索建立项目能源评价体制、落后产能退出机制，加快推进能源需求管理、供能系统节能管理；建立重点用能单位能耗检测体制，强化节能目标管理考核，探索建立重点行业和单位的能耗状况台账；推进资源性产品价格改革；启动重点污染排污权交易试点，推进排污量的收购和储备，运用市场机制降低企业治污成本，提升全社会污染减排效率。

山西省按照"谁开发、谁保护，谁受益、谁补偿，谁污染、谁治理，谁破坏、谁修复"的原则，明确企业要承担资源补偿、生态环境保护与修复的主体责任。具体措施包括以下内容：加快资源枯竭型城市经济转型，研究推进资源型城市资源开发补偿机制和衰退产业援助机制；发展接续替代产业，完善城市功能；进一步落实国家关于沉陷区治理、棚户区治理、矿山关闭破产、职工安置等方面的政策措施；促进资源型城市经济的可持续发展。

三 综合配套改革试验区体制创新需要关注的几个问题

随着综合配套改革试验区的设立，体制改革进入了深水区和关键时期。试验区设立的时间不长，所以有很多问题需要解决，且均属于深层次问题，再加上各种利益集团的阻力和经济社会矛盾的交织，更是增加了改革的难度。可以说，许多制约因素都在阻碍着各项体制的创新。

（一）思想观念上的制约

限制体制创新的主要因素是综合配套改革试验区中传统观念的制约。优惠政策开路以及"等靠要"的传统观念，不利于发挥改革的积极性和主动性，更不利于在体制上进行自主创新。同时，综合配套改革强调的是改革的整体性、协调性和长期性，改革不可能一步到位、一蹴而就，所以体制创新将伴随综改试验的全过程，我们必须要做好近期与远期目标相结合的战略规划。

为解决当前面临的众多发展困境，突破区域试验的局限，以点带面，从而最终实现区域全面发展的改革试验，国家采取了综合配套改革试验的分区域布局的战略措施。因此，各试验区在改革探索过程中必须明白，改革试验的权利不是局部优惠政策，更不能将这种先行先试的权利当成单纯要项目、要资金、要政策的借口。

优先发展导向下的路径依赖和惯性理念是长期存在的，各试验区要改革就必须要扭转和摆脱这一传统意识，不再重复过去那种遇到问题就寻求迂回化的、渐近式、短视化的应急解决思路，讲求务实性和有效性，勇于突破改革的难点，勇于突破改革中的利益交织。只有这样，改革才能有前瞻性、全局性、试验性。

（二） 体制创新的环境有待优化

优化体制创新的环境，首先要明确体制创新的重要环境：建立以市场配置资源为主的管理体制，充分发挥市场配置资源的作用。试验区改革应大胆放权，正确处理政府、市场与社会调节的关系。从现有的改革举措和实验看，政府仍然要靠行政手段管理社会和经济事务，由此造成了政府干预过多、市场错位、社会缺位的现状，出现了行政与执法管理混杂，政出多门、标准不一等现象，严重阻碍了市场经济的发展。由于企业经营缺乏公平、宽松的市场竞争环境，使得社会化保障不足与不公并存，市场竞争机制不健全，不同企业竞争起点出现差异，平等竞争的外部环境没有根本改善。另外，综合配套改革试验区必然无法摆脱旧体制的惯性制约，新体制的运行也必然受到冲击，再加上各种部门的利益驱动和掣肘，改革的过程中会出现旧体制复归的趋势。

（三） 行政授权不到位

简单的收权放权思维不能用于综合配套改革试验区的改革，委托授权的方式更不适于试验区的改革。传统的放权理念，只是为改革而改革，缺乏整体性的协调管理力度，容易受到行政化管理思维的禁锢，并且很难摆脱利益驱动的制约，从而很容易形成权力下放的避重就轻现象。实行委托授权时，由于层层有权力截留，使得关键的管理权力并没有全部下放，该放的权力没下放，导致的结果就是权责不分，工作机制被人为复杂化，而效率却不高。

四 和谐社会建设中国家综合配套改革试验区体制创新的路径选择

综合配套改革试验区在构建和谐社会的过程中是至关重要的，如果它们能够取得成功的经验，探索出体制创新发展路径，在新时期国家整体发展和改革上起到示范作用，那么它们肩负着的先行先试的重要使命就可以圆满完成，从而极大地推动和谐社会的发展进程。因此，将综合配套改革试验区体制创新的路径放在战略的高度来把握，具有重大的现实意义。

（一）坚持"自上而下和自下而上相结合"的创新方式

中国改革的率先启动是典型的自下而上的改革创新方式，首先从农村起步，家庭联产承包责任制就是由开始的地方冒险试验再到局部逐步推广的。而综合配套改革与传统的农村改革模式不同，需要自上而下与自下而上的结合，所以必须有创新的改革方式。

一方面，从目前体制来看，区域间、行业间和政策之间内在的联系还相当薄弱，在体制创新中，不可避免地会在一些领域与国家现行的某些法规和政策冲突，而体制创新的主要目标就是与时俱进地调整原有体制、法规和政策中不适应的内容，因而先行先试的结果也必然会与现行法规、体制、政策相互冲突和相互矛盾。因此，中央政府的支持和指导是体制创新不可缺少的，同时允许区域有较大的自主性和创新性。综改区要有改革的空间，中央政府应允许综改区推进的某些改革措施可以突破现行体制、法规、政策和有关国家管理部门的限制，先行先试，率先实现"小政府、大社会"的运行模式。因此，未来体制创新的关键就在于中央政府层面的改革顶层设计与综合配套改革试验区创新的结合。

另一方面，目前我国的改革已进入深水区，传统的"放权让利"方式已经不适合我国的发展。与此相反，改革的推进是"要求既得利益群体让利"，这注定会受到各种利益集团的阻挠。此外，综合配套改革预示着改革要从"中央政府的集中决策"到"中央政府指导、地方政府的分散决策"，从"自上而下地推进改革"到"各式区域联动拉动改革"的新阶段。从这个意义来讲，只有在国家层面、地方政府层面、区域合作、民众个体几个方面进行互动，才能实现体制创新。

（二）构建良好的体制创新环境

综改区只有努力克服旧有体制的束缚，构建完善的体制创新环境，才能实现经济发展方式的转变，完成体制转轨进程，继续保持高速经济增长。

1. 加快实施以所有制改革为主体的产权体制改革

沈阳经济区对国有经济大规模改制进行了一系列实验，通过"国退民进"的方式为不少的非国有中小企业带来了发展契机，使生产力获得了迅速发展，而非国有经济也获得了活力和生机。然而在现阶段，纵观全国层面，国有企业改革却不容乐观，在许多行业和部门再次出现"国进民退"现象。从本质上来说，这仍旧是旧体制的复归，因此只能采取创新的方式来解决。基于此，"试验区"在下一步的改革中，加快实施以所有制改革为主体的产权体制改革仍是重点。

2. 建立统筹性机构，统一综合配套改革试验区的职能

体制创新需要总体性设计和整体性配合，不可能由一两个部门完成，因此，体制创新往往牵涉部门利益。而把自身部门利益"掺入"改革的内容之中，会导致改革与改革之间互相打架，出现政出多门的现象。为此，政府需要构建一个超越各部门利益的部门，专门管理综合配套改革试验区，审批改革方案，将原来分散于各部委和各部门的审批权和管理权统一归入该部门，形成体制创新的协同力量，从而使改革方案的审批能够更快速、高效，同时也有利于监督和指导各试验区改革探索的进程。

3. 加快融资体制改革，提高资本配置效率

在经济发展初期，融资体制对经济发展并没有太大影响。但是随着经济的发展，融资体制的不完善和渠道不畅对经济发展的束缚越来越明显，金融体制的改革和完善对区域经济发展的影响也越来越直接。在现实情况中，各综改区对金融体制改革与金融稳定的诉求越发强烈。因此，金融体制改革必然成为综合配套区体制创新中的重头戏，综合配套改革试验区的成功与否也将取决于"试验区"的金融生态环境和资本配置效率。

（三）构建有效的体制创新机制

创新路径不可能是现成路径或者一步到位的举措，需要探索试验再进行推广实施，它是通过对体制演进和秩序扩展而形成的制度化框架。因此，体制创新的实质就是内在体制的演进或者如哈耶克所说的自发社会秩序扩展。

1. 创新区域开放型文化

文化是造成区域发展产生差异的因素，文化差异必然导致区域体制的差异。区域的内在体制演进、创新过程同时也体现在文化的变迁和创新过程中。因此，机制的创建首先是创新区域开放型文化。机制创新的核心要素是开放，"时空"是开放的属性，即指时间和空间的开放。要使区域文化中的创新精神得到与时俱进的发扬，还要积极引进、学习和模仿区域外的先进文化，包括政治文化、经济文化和社会文化等。

2. 完善竞争机制和试错机制

竞争机制可以激励学习，激励往往通过竞争发挥作用，所以竞争机制总是和激励机制相连。对体制创新的激励，一方面来源于市场主体的竞争激励，另一方面来源于创新激励。竞争需要完善和健全市场体制，而创新就意味着不确定性和风险，意味着只能"摸着石头过河"。因此，市场试错机制的建立和完善对体制创新极为重要。试错机制有利于鼓励体制创新，形成开拓进取的氛围，并且有利于提高社会"适应性"。综合配套改革的试验既然是试验，就意味着改革必然面临着不确定性和复杂性，试验区就被赋予了试错权，让错误置前以便于后来者预警防范。试错机制主要包括选择机制、进入机制、反馈机制和退出机制。

3. 构建服务型政府

改革深化的重要环节就是政府体制的改革，其关键是处理好政府、市场与社会的"专业分工"。当前在体制上要解决的主要问题是政府与市场的交织、错位与缺位，同时中介组织发育不够，社会支撑不足。为此，政府一方面应该退出竞争性领域，让市场机制充分发挥作用，政府只需要推动完善市场经济体系；另一方面，在"市场失灵"领域，市场不能发挥作用，这就需要政府提供公共服务。总之，政府是社会和市场的助推器，社会是政府和市场动力的来源；市场是社会的反映，是政府的服务对象，政府、社会、市场是相互体现、彼此影响、互为载体。从综合配套改革试验区的效应来看，政府体制改革是重要的改革环节。

五　和谐社会建设中体制创新的模式

众所周知，随着我国经济的发展，由于社会成员在能力和区域发展要素禀赋上存在差异，逐渐出现了城乡差别、地区差别和贫富扩大等现象。从 2002 年党的十六大提出"社会更加和谐"的发展要求，到十六届四中全会明确提出构建社会主义和谐社会的战略任务，到 2006 年十六届六中全会通过《中共中央关于构建社会主义和谐社会若干重大问题的决定》，再到 2007 年十七大报告，"社会和谐"或"和谐社会"的提法，更加明确提出社会和谐是中国特色社会主义的本质属性。可以看出，对社会和谐的认识不断深化。十七大报告指出，没有科学发展就没有社会和谐，没有社会和谐也难以实现科学发展。强调社会和谐与科学发展是内在统一的，同时只有拥有更为强大的物质力量，才能够更好地在科学发展观的指导下着力保障和改善民生，更好地促进社会和谐。反过来，只有发展的成果由人民共享，社会实现较大程度的和谐，才能更好地推动科学发展。在具体实践中，提出了加快推进以改善民生为重点的社会建设举措，包括：优先发展教育，实施扩大就业的发展战略，深化收入分配制度改革，增加城乡居民收入等。十八大和十八届三中全会进一步把社会建设放在更加突出的位置，提出要加快推进社会建设。为此，提出加快健全基本公共服务体系，加强和创新社会管理，推动社会主义和谐社会建设。因此，加强社会建设，既要立足当前，着力解决影响社会建设的突出矛盾和问题，又要着眼长远，在体制机制建设和创新上多下功夫。

目前，随着经济社会的发展，出现了不少影响社会和谐的不和谐因素。因此，化解不和谐因素的新理念、新体制、新机制、新政策、新手段等多方面内容都亟待进行有针对性的改革和创新，从而保证和谐社会建设的顺利进行。为了推动和谐社会建设中体制机制的创新，我们对新理念、新体制、新机制、新政策等所要求的新内容就必须在旧内容上进行创造性的调整、更新和设计。创新模式的主要内容包括体制创新、政策创新、执政理念创新、机制创新等。

一系列综改区的建立和完善是中国改革开放走向"深水区"阶段提出的改革新举措，以体制创新为切入点是其设立宗旨所在，目的是全面推进改革朝着深水区前进，促进中国区域经济社会的协调发展。众所周知，"国家综合配套改革试验区"与以往的一般改革试验区不同，它的建立和完善实质上是改革开放后期的一项复杂的社会经济系统工程，社会和谐不仅仅是其现实定位和出发点，也是改革走向深水区的最终落脚点。虽然目前全国已申请成功并批复国家综合配套改革试验区的有12个，但每一个改革试验区的改革目标要与其诉求相适应。因此，每一试验区和谐社会建设的着力点就各有侧重，在体制模式、机制模式等创新上各有各的特色。

（一）深圳市综合配套改革试验区——以"居站分设"为载体，创新社区管理体制，夯实和谐社会基础

深圳提出深化社会管理体制创新，推进社会建设，由此正式拉开了深圳市新一轮社区管理体制改革创新的帷幕。这次改革创新的突出特点是：在社区设立工作站，实行"居站分设"。

1. "居站分设"的含义

所谓"居站分设"，就是在传统的社区党组织、社区居委会的框架外，创新社区服务模式，独立设立社区工作站。社区工作站与传统社会管理模式不同，在社区工作站里，社区内主体组织发生了结构性变化，其治理的理念也发生变化，即以社区组织的多元化来满足社区需求的多元化，把社区多元化和复杂化的现实作为工作的出发点，从而在现实的工作中进行管理架构和内容创新，以适应社区现实需求的多元化和复杂化。

社区工作站的体制与传统体制具有不同的内容，主要表现为以下方面：第一，社区工作站的体制使传统的街道社区与行政架构实现二元分离，成为真正的居民自治组织，真正实现社区自治。第二，社区工作站遵循自治、自主、自为的原则，将政府与社区的职责和功能无缝对接，从传统的部门对应转变为各项事务的承接，从而真正实现政府职能的转变，由管理变服务，这也有利于树立政府的"民本位、社会本位、权利本位"，改变传统的"官本位、政府本位、权力本位"理念，使政府真正成为服务型政府。在这一过程中，社区与政府职能是共生的，为了共同推进社区建设的发展，构建和谐社区，它们各司其职、各有其权、各负其责，相互配合、相互协同。

2. "居站分设"的不同形式

仔细研究深圳综合改革试验区设立社区工作站的情况，我们可以发现，这些工作站主要采取灵活多样模式，而不是整齐划一的单一模式，各区之间都具有各自的特色。笔者总结主要有以下 3 种形式：第一，"盐田模式"，即社区居委会和社区工作站都是相对独立的，各自工作人员不交叉任职，相互分离；第二，"交叉式"，即社区居委会人员和社区工作站的部分工作人员存在相互任职现象，二者并不是绝对意义上的分离，而是在一定程度上相互交叉，如社区工作站站长与社区居委会主任可以交叉任职；第三，"重合式"，即社区居委会人员和社区工作站的工作人员完全一致，实行"一套人马，两块牌子"的模式，无论是社区居委会人员社区的工作，还是社区工作站的工作，并没有严格区分，而是同一工作由他们共同完成。"居站分设"关键的一点，就是要协调好社区居委会和社区工作站之间的关系，各自发挥出自己的积极作用，使其真正成为合作伙伴关系，共同为建设和谐社区、和谐社会贡献力量。

3. "居站分设"的保障措施

任何一种改革与体制创新都离不开一系列的保障措施。笔者认为深圳"居站分设"社区管理创新体制之所以能够在短期推行并取得一定成果，在于其采取了以下的保障措施。

（1）政策保障。任何社区建设工作都离不开党和政府的高度重视及帮扶，深圳市将社区工作纳入重要工作日程，通过制定和颁布一系列的社区建设规范性文件，制定社区工作站管理办法，发展社区服务业，推行政府购买服务等若干政策规定，以确保这一体制能够顺利进行并在推行的过程中不断完善。

（2）经费保障。强化政府的基层职能是"居站分设"的目的之一，从而取得政府管理重心下移的成效。但是，伴随职能下移，要有充足的经费保障，如果经费短缺，职能下移只能是空谈，管理也会落空。因此，在改革试点中深圳市政府提出"费随事转"的原则，即经费与管理同时下移。具体来说，就是将社区党组织、社区居委会和社区工作站的工作经费、工资福利待遇、服务设施建设及后续管理经费，社区信息网络建设及管理维护费等专项经费纳入年度财政预算，凡属政府事权范围内的事项，原则上由政府投入。

（3）机构保障。为了实现建设和谐社会的总目标，深圳市建立和完善了社区建设的工作机制和领导体制。一是由市、区主要领导兼任市、区社区建设工作委员会的主要领导职务，完善了社区领导体制；

二是明确了各个社区建设和各成员单位的职责与分工，各司其职，相互协同；三是在市、区民政部门的指导下，成立专门的社区建设工作办公室，以便将全市的社区建设工作统筹协调，从而多管齐下，保证社区各项工作的顺利开展。

综上所述，"居站分设"是深圳综合配套改革试验区在社区建设过程中不断进行管理体制创新的一项新成果。这种创新的社区管理模式已经成为深圳综合配套改革试验区建设和谐社会的新动力，在建设和谐社区的过程中，社区管理模式的创新在建设"和谐深圳、效益深圳"中发挥了积极作用。

（二）成都全国统筹城乡综合配套改革试验区——以"推进城乡一体化和民主与法治建设"为核心，形成和谐社会建设的"成都样板"

在构建和谐社会的过程中，"四个不够协调"和"一个差距"是成都面临的两个主要问题，即城乡发展不够协调、区域发展不够协调、经济和社会发展不够协调、人和自然的关系不够协调，社会成员收入差距拉大。为了破解这些难题，成都采取大城市带动大郊区的创新举措，以"推进城乡一体化"作为建设和谐社会的出发点，以求城乡二元结构问题和城乡经济社会发展严重失衡的矛盾在这一过程中得到有效解决，以此来跨越由种种难题和矛盾构成的"沟壑"。以成都为样板的体制创新就这样诞生了，"成都样板"的体制创新表现在以下几点。

1. 体制、政策的一体化

成都市将原有的"重城轻乡、重工轻农、城乡分治"的三大不协调打破，消除各种不均衡体制和政策，着力落实工农、城乡体制以及政策一体化等各项政策。

2. 统筹城乡发展的政府主导

成都市的统筹城乡发展是由政府主导的，在这一过程中，政府的主导作用主要体现在规划安排、体制设计、组织实施等诸多方面进行宏观布局和整体协调。当然，这种政府主导和统筹与传统计划体制下的政府强制措施有着明显的不同。试验区的政府主导以市场机制为基础，充分发挥市场资源配置的基础性作用，以市场化改革为导向，推动城乡融合、城乡互动。政府在这一过程中主要扮演体制供给者的角色，将体制创新、政策创新、发展战略创新等具体措施倾斜于试验区的城乡融合、城乡互动等各项工作中，从而使长期以来相对处于劣势的农业、农村、农民得到补偿性的发展，在城乡协调、平等发展过程中促进"三农"问题的有效解决。在推进城乡一体化过程中，政府和市场明确了各自定位和关系，使两者之间的边界和衔接能够得到合理的划定。在保证城乡一体化发展的体制供给、政府创新体制环境的前提下，政府依靠市场价格、竞争机制去引导、促进各项资源的合理流动和优化配置。

3. 推行"新土改运动"，齐头推进工业化、城镇化、农业产业化

在成都城乡一体化发展的过程中，最值得提到的就是"三个集中"和实施"三大重点工程"。"三个集中"包括工业向园区集中，耕地向规模经营集中，农民向城镇集中；"三大重点工程"包括农业产业化工程、农村扶贫开发工程、农村发展环境建设工程。在城镇化过程中，上述举措确保了被征用土地的农民"失地不失利，失地不失业，失地不失权"。这种"新土改运动"和土地私有化有严格的区别，"新土改运动"促进农业与工业融合、城乡发展融合，推动了城乡第一、第二、第三产业的联动发展，通过工业化、城镇化、农业产业化的同步协调发展，改变了传统农业生产方式，实现了农业的产业化、企业化、现代化经营，从而延长了农业生产的产业链条，形成了以农业生产为中心的各类农产品加工企业以及相关服务业，在提高农产品附加值的同时也解决了农村劳动力转移及就业问题，改变了农民传统的生产和生活方式，从源头上避免了不和谐因素的出现和扩张，使城

乡居民的各方面利益得到兼顾、协调。以上政策措施使成都市城乡一体化的发展模式不但存在发展的空间，而且也具有发展的可持续性和连续性，使农村剩余劳动力的转移具有相关产业支撑和坚实的经济基础。

4. 构建民主治理新机制，奠定可持续性的体制基础

可持续性和连续性是城乡一体化发展的内在要求，为了确保可持续性和连续性，民主与法治建设是强有力的保障。推进城乡一体化发展与民主治理新机制内在地联结在"成都样板"中便显得比较突出，因此，"成都样板"将城乡一体化发展进程推向了更高的层次和新的历史阶段。

（1）基层民主体制创新。经验告诉我们，很多社会不和谐因素都来源于基层，为了从根本上解决基层的诸多不和谐因素，充分挖掘和调动基层干部和广大群众的潜力和工作积极性，在成都综合配套改革试验区，党内基层民主体制采取了创新体制，即乡镇党委书记公推直选和村（社区）党支部书记差额直选。实践证明，实行公推直选和差额直选，实质上是把基层干部的选择权、监督权交到人民群众手中，这样不仅使乡镇、村（社区）的群众实实在在感受到了"主权在民，政权民授"的基层民主体制，人民"当家做主"的主人翁责任感也得到进一步加强。同时，通过这种模式，基层优秀人才能够被发现并被选拔和吸引到党的基层组织中来，这样，不仅能把党的执政理念建立在最广泛的群众基础之上，也能真正实践"从群众来，到群众中去"的执政理念。

（2）重构民间参与融合机制。化解基层不和谐因素在于以公开的、平等协商的方式让不同利益主体能够达成共同的、各方均能接受的共识。民间参与的机制体制创新，不仅对调解意见分歧，平衡利益关系有巨大的作用，而且对消除不稳定、不和谐因素也是一种创新的举措，是新形势下做好社会基层工作和消除不和谐因素的新样板。

成都市以"城乡一体化发展与民间参与机制"为特色的"成都样板"，给当前我们构建和谐社会的探索提供了一个改革模式，具有极大的普适性和推广价值。

（三）长株潭城市群资源节约型和环境友好型社会建设综合配套改革试验区——以"创新资源节约和生态环境保护体制机制"为突破口，走出"人与自然和谐相处"的新路子

长株潭城市群资源节约型和环境友好型社会建设综合配套改革试验区设立的最主要的目的，就是探索解决资源、环境与经济发展冲突与矛盾的有效改革路径，避免传统"先发展、后治理"的发展模式，切实走出一条有别于传统模式的工业化、城市化发展新路，以体制创新推动实现科学发展与社会和谐发展并举。长株潭城市群以"人与自然和谐"作为构建和谐社会的出发点，在创建资源节约型和生态环境友好型社会体制上大胆创新，努力探索。

1. 创新资源节约体制机制

（1）构建城市群循环经济体系。根据资源禀赋和产业特色建设循环经济产业园区和循环农业示范区，长株潭城市群循环经济产业体系的重点包括有色、冶金、化工、建材等产业。对已经深度污染的区域，长株潭城市群力求通过循环经济进行改造，将生产责任延伸和工业废弃物处理认证等体制引入整个生产、消费、回收流程，在政策体系上对循环经济予以支撑。同时，探索和创新城市群循环经济发展新模式和新途径，将长株潭城市群整体纳入国家循环经济试点。

（2）资源产权体制得到进一步完善。在统一、开放、有序的资源初始产权有偿取得机制的基础上，长株潭城市群健全和完善了资源有偿使用体制，其中包括规范了探矿权、采矿权市场，培育出水权、林权等产权交易市场，健全了资源产权交易市场。

（3）推进资源性产品价格改革。长株潭城市群理顺矿产品和能源的价格，使差别化能源价格体制得到完善，并逐步建立起体现市场供求关系、环境恢复成本以及资源稀缺度的资源价格形成机制；创建绿色电价机制，理顺电力资源的供应；推进阶梯式水价和分质供水体制的建设，并对居民的生活用水实行阶梯式水价，对超额的、超计划的用水实行累进加价收费制度。

（4）完善节能减排激励约束机制。长株潭城市群采取一系列措施，使作为经济杠杆的税收、价格、金融、财政得到综合运用，并完善以企业为主体的由政府引导的节能减排投入机制，使企业和社会的能源资源节约取得一定的成效；设立专项资金，增加"以奖代补"专项转移支付，支持落后产能淘汰，进而推动产业升级；建立、健全新建项目的能效评价体制，提高高耗能项目的市场准入标准，完善节能减排监督管理机制，使节能减排检测体系、指标体系和考核体系得到建立和健全。

（5）改变现有的资源开发管理机制。长株潭城市群规划并采用了一套提高资源节约、发展循环经济的地方性规划方案；设立并实施专门的节能和水资源合理利用规划，在城市群中采用统一的能源、水、资产、森林等重要资源的管理方法；使各类生态资源都处在合理的功能定位中并能够长期进行深度开发，对林地、湿地、绿地资源采用集约、限额的方法。

2. 创新生态环境保护体制机制

（1）建立沿江沿河流域综合治理体制机制。国家长江中下游污染治理规划应将沿江沿河流域划入其内，同时以倾斜政策对重大项目加大扶持力度。长株潭城市群把控制沿江沿湖地区项目的准入和开发强度作为规划核心，加强管理水系与水域环境的联防联治以及流域的生态保护与规划，逐步建立一套跨区域的流域综合治理与保护的新模式；建立一个以生态环境修复和保护为中心的投融资模式，并以湘江流域综合治理项目发行收益债券。

（2）建立区域性生态环境补偿机制。长株潭城市群设立了排污权交易试点，建立排污权交易市场，进一步加强污染物排放总量初始权有偿分配、排污权交易、排污许可证等体制创新，使污染治理和环境保护的市场化运营得到有效推进；建立排污费征收使用管理新模式，改革征管办法，采用新规则对固体废弃物和城市污水征收处理费；设置专项资金对生态进行补偿，把湘江流域作为国家生态补偿项目的试点，关键是建立湘江流域水源保护区、长株潭"绿心"保护区等区域的生态补偿和污染赔偿方案以及部分重金属污染河段的治理修复补偿机制。

（四）沈阳经济园国家新型工业化综合配套改革试验区——以加强和创新社会管理为抓手，筑牢和谐社会稳固基石

当前，社会经济迅速发展，流动人口数量急剧增加，同时改革使"单位人"变成"社会人"，社会矛盾愈加凸显。因此，改革深化中的重大课题就是如何加强和创新社会管理机制，怎样寻获破题之法是当前的重中之重。沈阳经济园区作为国家新型工业化综合配套改革试验区的核心组成城市之一，紧扣走新型工业化道路这一主题，以加强和创新社会管理为中心，采取了一系列创新举措，诸如加强流动人口和特殊人群服务管理，加强信息网络服务管理，加强社会治安防控体系建设和重点地区整治，加强社会公共安全管理，等等，为社会管理提供了一条新的道路。

1. 从细微服务着手，构建"大调解"协调格局

社会管理涵盖了社会的方方面面，关乎广大人民群众的切身利益，必须由始至终坚持以人为本、执政为民不动摇。在改革创新的道路上，沈阳试验区以人民群众得实惠为重点，以加强和创新社会管理的根本为出发点和落脚点，健全、完善群众利益协调机制，使各方面利益得到协调，兼顾各方利益实现公共利益最大化；着重强调保障和改善民生，发展教育、就业、社会保障、医疗卫生、住房、慈善等社会事业。

服务是加强和创新社会管理的第一位。沈阳经济园区采取了一些具有沈阳特色的管理模式，例如，加强对特殊人群和流动人口的服务管理，推出了流动人口服务管理"牵手计划"、刑释解教人员安置帮教"新生计划"、预防青少年违法犯罪"关护计划"等；又比如，面对互联网的真实情况，沈阳经济园区在全国率先提出要加强网络道德伦理建设，为健康文明上网提供了良好环境。当前，我国社会矛盾凸显，"大调解"的工作格局需要构建，在强调强化源头治理，完善信访沈阳模式，创新群众工作的同时，沈阳经济园区积极开展多样性的社会矛盾调解工作。

2. 强化基层管理，合力推动社会管理

社会管理创新，重心在基层，难点也在基层。只有做好基层社会管理工作，社会管理工作才会有坚实的保障，社会大局才会稳定。沈阳经济园区在改革开始就确立要将更多的人力、物力、财力投向基层的体制、机制，强调要"人往基层走，物往基层用，钱往基层花，劲往基层使"。社会管理的加强与创新涉及范围广、领域宽、内容多，如何调动、发挥好党组织、政府和社会各方力量的作用以及建设好基层队伍是社会管理的关键。具体内容如下：一是"党委领导"，要提高党委引领社会、组织社会、管理社会、服务社会能力；二是"政府负责"，要加强政府社会管理服务职能，政府承担社会管理和公共服务事物；三是"社会协同"，要充分发挥工青妇等群团组织、统一战线、企事业单位、居（村）民委员会等各方面力量的协同作用；四是"公众参与"，要发挥群众参与社会管理服务的基础作用。

（五）山西省国家资源型经济转型综合配套改革试验区——以改善民生为重点，加强社会建设、创新社会管理，努力构建和谐社会

山西作为资源型地区、老工业基地和相对欠发达省份，在民生领域方面面临的任务和压力尤其具有特殊性、艰巨性、复杂性和紧迫性。为此，"改善民生"成为山西作为资源型经济转型的主要任务，与之相配套的就是体制机制创新。它主要体现在如何加快完善覆盖城乡的社会保障体制，改革公共服务供给体制和创新社会管理等方面。与此同时，其带来的产业转型推动了以充分就业，合理调节收入分配，推进基本公共服务均等化，建立和完善长效、安全的发展机制，加强社会管理等为主要内容的创新，促进了社会总体的和谐稳定。

1. 加快完善覆盖城乡的社会保障体制

山西作为典型的资源型经济，在社会保障体制上入不敷出，问题凸显。首先，山西要探索并建立工伤预防、补偿、康复相结合的工伤保险体系，国有煤炭企业已退休职工中的老工伤人员应当纳入其中；其次，要以城乡一体化为基础，在此之上推进平等、全方位、多渠道的社会保障体系建设，使医疗社会保险、城乡基本养老以及最低生活保障体制得到完善；最后，要推进跨地区养老保险关系的承接和转移，建立、健全异地就医协作机制，扩大城乡社会保险体制的全覆盖率，加快城乡统筹。

2. 改革公共服务供给体制

山西在基本公共服务领域，鼓励合理竞争，使提供主体与提供方式呈现多样性，以促进政府采购等提供方式的改革；在市场层面纳入了非基本公共服务领域，对市场准入制采取放开政策，增强多层次供给能力；同时，继续加强教育体制改革、医疗卫生体制改革、文化体制改革。

3. 创新社会管理

山西将党委、政府与社会力量以互联、互补、互动的形式相结合，形成社会管理和公共服务体系；建立和健全个体权利尊重机制，确保人民群众的利益诉求权利可以得到有效保证；完善、健全社会预警机制，建立社会应急管理体系，采取联动体制方式解决苗头性、倾向性、潜在性问题；更新管理理念，创新管理方式，使政府服务型管理得以推进；促进并完善公共财政体制，加强基本公共服务政府绩效考核和行政问责，保障公共教育、就业服务、社会保障、住房保障、公共文化、基础设施、环境保护等基本公共服务的支出。

主要参考文献

［1］ Hurwicz，L.，*On Informationally Decentralized Systems*，in：R. Rad-
   ner and C. B. McGuire，eds.，Decision and Organization in Honor of
   J. Marschak（North Holland），1972，pp. 297 – 336.

［2］ Hurwicz，L.，"The Design of Mechanisms for Resource Allocation"，
   American Economic Review，No. 63，1973，pp. 1 – 30.

［3］ Chen，S. and M. Ravallion，*Absolute Poverty Measures for the Devel-
   oping World，1981 – 2004*，Prceeding of the National Academy of Sci-
   ence of the United States of America.

［4］ 卢现祥、崔兵：《和谐社会的新制度经济学解读》，《贵州财经学
   院学报》2006 年第 1 期。

［5］ 罗必良：《和谐社会的制度经济学含义》，《广东社会科学》2006
   年第 6 期。

［6］ 杨明佳、邹军娥：《从断裂到整合：和谐社会的制度分析》，《改
   革研究》2006 年第 3 期。

［7］ 罗昌瀚、迟明：《非正式制度及其在构建和谐社会中的作用研
   究》，《理论探讨》2006 年第 2 期。

［8］ 任典云：《试论社会资本与和谐社会的构建》，《东岳论丛》2006
   年第 5 期。

[9] 李家祥：《我国综合配套改革试验区的理论价值与阶段特征》，《经济学动态》2007 年第 1 期。

[10] 高柏：《中国经济发展模式转型与经济社会学制度学派》，《社会学研究》2008 年第 4 期。

[11] 刘少杰：《制度建设是构建和谐社会的根本途径》，《社会学研究》2007 年第 2 期。

[12] 田国强：《和谐社会构建与现代市场体系完善》，《经济研究》2007 年第 3 期。

[13] 孙立平：《失衡——断裂社会的运作逻辑》，社会科学文献出版社，2004。

[14] 庄锡福：《构建和谐社会：崭新的执政理念》，《社会主义研究》2005 年第 6 期。

[15] 宋思伟、孙建成：《儒家大同思想与当代和谐社会理念》，《山东社会科学》2009 年第 S1 期。

[16] 李锦坤、杨义芹：《构建和谐社会的现代理念内涵》，《贵州社会科学》2005 年第 5 期。

[17] 刘建华：《以科学理念构建和谐社会》，《瞭望新闻周刊》2005 年第 24 期。

[18] 熊滨：《和谐社会的公正理念》，《江西社会科学》2005 年第 8 期。

[19] 刘琼华：《公平正义：和谐社会的核心价值理念》，《山东社会科学》2007 年第 8 期。

[20] 秦瑞芳、李来和：《理念：和谐社会与和谐立法》，《社会科学家》2006 年第 3 期。

[21] 黄力之：《历史和现实语境中的"以人为本"——论社会主义和谐社会的发展理念》，《马克思主义与现实》2005 年第 5 期。

[22] 毕力夫：《树立科学的和谐社会理念，构建社会主义和谐社会》，

《理论前沿》2006 年第 19 期。

[23] 黄天柱、李楠：《浅析和谐社会的幸福理念》，《河南社会科学》2008 年第 S1 期。

[24] 李国兴：《和谐社会理念：对现代性的中国式解读》，《学术研究》2008 年第 7 期。

[25] 刘俊祥：《和谐社会建构的人本政治理念》，《山西大学学报》（哲学社会科学版）2006 年第 6 期。

[26] 易杰雄：《从"实践标准"到"构建和谐社会"——改革开放过程中党的发展理念的哲学透视》，《理论前沿》2008 年第 17 期。

[27] 孙文营：《科学发展观统领和谐社会构建的三维视野》，《马克思主义研究》2008 年第 2 期。

[28] 张春阳、吕元礼：《新加坡人民行动党构建和谐社会的执政理念》，《中共中央党校学报》2007 年第 1 期。

[29] 胡少维：《和谐社会理念下调控政策的特点》，《金融与经济》2007 年第 4 期。

[30] 王忠武：《论和谐社会建设的价值理念主导与价值目标追求》，《东南大学学报》（哲学社会科学版）2008 年第 2 期。

[31] 蓝蔚：《论西部民族地区和谐社会构建的发展理念》，《青海民族研究》2008 年第 2 期。

[32] 张井：《和谐社会的真谛》，《南方日报》2005 年 3 月 9 日。

[33] 李君如：《和谐社会问题研究笔记八篇》，《中共中央党校学报》2005 年第 1 期。

[34] 王宗礼：《收入差距、和谐社会与民主政治建设》，《甘肃社会科学》2005 第 6 期。

[35] 顾钰民：《社会主义市场经济与和谐社会建设》，《经济纵横》2008 年第 1 期。

[36] 吴海燕：《正确处理农村社会矛盾与构建新农村和谐社会》，《求实》2006 年第 10 期。

[37] 陈永志、钟春洋：《三大差距与社会和谐》，《当代经济研究》2006 年第 5 期。

[38] 何荣山、刘培森：《包容性增长：构建和谐社会的路径选择》，《学术交流》2011 年第 8 期。

[39] 鱼俊清：《试论正确处理社会矛盾与构建社会主义和谐社会》，《理论导刊》2007 年第 12 期。

[40] 张海波：《当前我国社会矛盾的总体特征、生成逻辑与化解之道》，《学海》2012 年第 1 期。

[41] 董怀军、李俊斌：《和谐社会视角下的民生问题及对策思考》，《前沿》2009 年第 8 期。

[42] 青连斌：《当前中国社会稳定的影响因素及其对策》，《科学社会主义》2012 年第 2 期。

[43] 李杰：《影响西部社会和谐的主要矛盾及原因分析》，《西南民族大学学报》（人文社会科学版）2011 年第 11 期。

[44] 何荣山、刘培森：《包容性增长：构建和谐社会的路径选择》，《学术交流》2011 年第 8 期。

[45] 白津夫：《经济和谐与社会和谐》，《瞭望新闻周刊》2004 第 47 期。

[46] 王家庭、张换兆：《国家综合配套改革试验区与以往改革模式的异同点分析》，《中国科技论坛》2008 年第 5 期。

[47] 李燕、张颖春：《我国综合配套改革试验区建设的经验探索与启示》，《中国党政干部论坛》2009 年第 12 期。

[48] 郝寿义、高进田：《试析国家综合配套改革试验区》，《开放导报》2006 年第 2 期。

[49] 李罗力：《对我国综合配套改革试验区的若干思考》，《开放导

报》2006 年第 5 期。

[50] 王家庭、张换兆：《国家综合配套改革试验区与以往改革模式的异同点分析》，《中国科技论坛》2008 年第 5 期。

[51] 李春洋：《中部地区建设国家综合配套改革试验区的战略意义》，《开放导报》2007 年第 2 期。

[52] 吕晓刚：《制度创新、路径依赖与区域经济增长》，《复旦学报》（社会科学版），2003 年第 6 期。

[53] 严汉平、郭海阳：《国家综合配套改革试验区发展模式选择》，《经济学家》2008 年第 4 期。

[54] 李玉虹、马勇：《技术创新与制度创新互动关系的理论（探源马克思主义经济学与新制度经济学的比较)》，《经济科学》2001 年第 1 期。

[55] 叶民强、吴承业：《区域可持续发展的技术创新与制度创新机制研究》，《数量经济技术经济研究》2001 年第 3 期。

[56] 赵放：《论技术和制度在经济增长中的关系》，《吉林大学社会科学学报》2002 年第 6 期。

[57] 吕晓刚：《制度创新、路径依赖与区域经济增长》，《复旦学报》（社会科学版）2003 年第 6 期。

[58] 孙伟、高建、张帏等：《产学研合作模式的制度创新：综合创新体》，《科研管理》2009 年第 5 期。

[59] 吴敬琏：《制度重于技术》，中国发展出版社，2002。

[60] 李晓伟：《技术创新与制度创新的互动规律及其对我国建设创新型国家的启示》，《科技进步与对策》2009 年第 17 期。

[61] 薛宏雨：《制度创新在经济增长中作用的测算》，《财经问题研究》2004 年第 9 期。

[62] 郝寿义、高进田：《试析国家综合配套改革试验区》，《开放导报》2006 年第 2 期。

［63］［美］保罗·罗默：《收益递增与长期增长》，《政治经济学期刊》，1986。

［64］李萍：《经济增长方式转变的制度分析》，西南财经大学出版社，2001。

［65］李德水：《加快转变经济增长方式》，《求是》2009年第21期。

［66］张卓元：《深化改革，推进粗放型经济增长方式转变》，《经济研究》2005年第11期。

［67］樊纲：《渐进改革的政治经济学分析》，远东出版社，1996。

［68］刘国光、沈立人：《中国经济的两个根本性转变》，远东出版社，1996。

［69］舒尔茨：《制度与人的经济价值的不断提高》，《美国农业经济学杂志》1968年第12期。。

［70］诺斯：《经济史中的结构与变迁》，上海人民出版社，1994。

［71］王祖继：《制度视角下的经济增长方式转变问题研究》，吉林大学博士学位论文，2009。

［72］《中国行政管理学会2011年年会暨"加强行政管理研究，推动政府体制改革"研讨会论文集》，2011年。

［73］江曼琦：《天津滨海新区成长的机理与发展策略选择》，经济科学出版社，2012。

［74］王森等：《专项资金助推发展，天津滨海新区战略性新兴产业亮点频现》，人民网。

［75］姜作培：《城乡统筹发展的路径和措施选择》，《求实》2004年第1期。

［76］李银星、杨印生：《关于统筹城乡发展水平变动趋势及影响因素的研究综述》，《经济研究导刊》2011年第7期。

［77］姜太：《统筹城乡协调发展的内涵和动力》，《农村经济》2005年第6期。

［78］林萍：《统筹城乡发展问题探讨》，《江西农业大学学报》2004年第4期。

［79］秦庆武：《统筹城乡发展的内涵与重点》，《山东农业大学学报》2005年第7期。

［80］徐静珍、王富强：《统筹城乡发展目标及其评价指标体系的建立原则》，《经济论坛》2004年第15期。

［81］李雪艳、高翠珍：《城乡统筹发展存在的问题及原因分析》，《民营科技》2007年第4期。

［82］章国荣等：《城乡居民收入差距与农民增收》，《农业经济》2006年第1期。

［83］石忆邵：《实施统筹城乡发展战略的意义与对策》，《农业经济问题》2004年第2期。

［84］郭纬：《城乡差距扩大的表现、原因与政策调整》，《农业经济问题》2003年第5期。

［85］李佐军：《统筹城乡发展的关键是建立城乡统一制度》，《中国经济时报》2007年第5期。

［86］张红宇：《城乡统筹：以农民收入为中心的结构转换分析》，《产业经济分析》2003年第4期。

［87］胡乃武等：《统筹城乡发展的战略思考与对策》，《理论前沿》2004年第6期。

［88］季建林：《统筹城乡就业，建立市场导向就业机制》，《发展》2004年第8期。

［89］西奥多·舒尔茨：《贫穷经济学——一九七九年诺贝尔演说》，《科技导报》1985年第6期。

［90］谭崇台：《发展经济学概论》，武汉大学出版社，2008。

［91］罗森斯坦·罗丹：《东欧与东南欧的工业化问题》，《经济学杂志》1943年第6~9期。

［92］ 郭熙保：《发展经济学经典论著选》，中国经济出版社，1998。

［93］ 阿马蒂亚·森：《以自由看待发展》，中国人民大学出版社，2002。

［94］ 康晓光：《中国贫困与反贫困理论》，广西人民出版社，1995。

［95］ 林毅夫：《解决农村贫困问题需要有新的战略思路——评审季节银行新的"惠及贫困人口的农村发展战略"》，《北京大学学报》（哲学社会科学版）2002 年第 9 期。

［96］ 马丁·拉瓦里昂、陈绍华：《我国减贫工作取得不平衡的进展》，世界银行发展研究组，2004。

［97］ 胡鞍钢、胡琳琳、常志霄：《中国经济增长与减少贫困（1978—2004）》，《清华大学学报》（哲学社会科学版）2006 年第 5 期。

［98］ 章春化、刘新平：《中国贫困与反贫困研究综述》，《开发研究》1997 年第 5 期。

［99］ 黄英君、苗英振、蒋径舟：《我国政府反贫困政策回顾、反思与展望——基于社会资本投资的视角》，《探索》2011 年第 10 期。

［100］ 周文、李晓红：《社会资本对反贫困的影响研究：多元范式的形成与发展》，《教学与研究》2012 年第 1 期。

［101］ 李晓红：《社会资本的当下功用与政府反贫困前瞻问题》，《改革》2012 年第 2 期。

［102］ 万广华、章元、史清华：《如何更准确地预测贫困脆弱性：基于中国农户面板数据的比较研究》，《农业技术经济》2011 年第 9 期。

［103］ 丁军、陈标平：《构建可持续扶贫模式治理农村返贫顽疾》，《社会科学》2010 年第 1 期。

［104］ 王宏梅：《当前我国农村反贫困效率低的原因及对策分析》，《理论观察》2005 年第 10 期。

［105］ 姚迈新：《对以政府为主导的扶贫行为的思考——扶贫目标偏

离与转换及其制度、行动调整》，《行政论坛》2011 年第
1 期。

[106] 向德平：《包容性增长视角下中国扶贫政策的变迁与走向》，
《华中师范大学学报》（人文社会科学版）2011 年第 7 期。

[107] 陈安平：《收入差距、投资与经济增长的面板协整研究》，《经
济评论》2009 年第 1 期。

[108] 温家宝：《尽快改变连片特困地区的落后面貌》，《人民日报》
2012 年 5 月 30 日。

[109] 《毕节试验区建设干部读本》，毕节地区闻达报业有限责任公
司，2010。

[110] 贾庆林：《在各民主党派中央、全国工商联参与毕节试验区建
设座谈会上的讲话》，2011 年 9 月 27 日。

[111] 杜青林：《在毕节试验区专家顾问组成员座谈会上的讲话》，
2010 年 6 月 28 日。

[112] 叶丹江、谢定光：《中国特色政党制度在毕节试验区的成功实
践》，《学校党建与思想教育》2011 年第 8 期。

[113] 姚鸿、赵高才：《统一战线参与支持毕节试验区建设联席会议
在京召开》，《贵州日报》2010 年 6 月 29 日。

[114] 包俊洪：《毕节试验区：科学发展理论的先行探索与实践》，
《马克思主义与现实》2006 年第 1 期。

[115] 聂华：《毕节地区农业生态建设的"五子登科"模式》，《毕节
日报》2009 年 11 月 4 日。

[116] 段忠贤、胡松：《毕节试验区开发扶贫：演进、成效与经验》，
《毕节学院学报》2012 年第 1 期。

[117] 朱德云：《我国贫困群体社会救助制度存在的问题及成因分
析》，《齐鲁学刊》2009 年第 5 期。

[118] 杨成波、王磊：《简论阿马蒂亚·森能力贫困理论及对完善中

国低保制度的启示》2010 年第 5 期。

［119］ 毕红静：《我国农村反贫困政策创新研究》，《前沿》2011 年第 19 期。

［120］ 郭建宇：《社会资本视域下的贫困农户减贫分析》，《商业研究》 2011 年第 3 期。

后　记

　　本书是我主持的国家社科基金项目"和谐社会构建中的制度创新研究——基于改革试验区的视角"的最终成果。在本项目的研究中，贵州大学李晓红博士做了大量前期工作，研究的推进主要源于我们一直以来的合作。我们不断探讨和谐社会的问题，先后合作完成多篇研究论文，使研究得以继续和深入。我的研究生陈跃、苗勃然、崔秀丽、赵光南、吴霞参与了本课题的研究，苗勃然在后期做了大量工作。应该说，没有他们的参与，本课题不可能完成。因此，本课题是我和我的学生共同完成的。社会科学文献出版社经济与管理出版分社社长恽薇和责任编辑高雁为本书的出版做了大量工作，没有她们的认真负责和多次催促，本书不可能顺利出版。在此，一并感谢。

周文

2015 年 1 月 30 日

图书在版编目（CIP）数据

和谐社会构建中的制度创新研究/周文著. —北京:社会科学文
献出版社,2015.2
ISBN 978 - 7 - 5097 - 6810 - 5

Ⅰ.①和… Ⅱ.①周… Ⅲ.①制度建设 - 研究 - 中国
Ⅳ.①D63

中国版本图书馆 CIP 数据核字（2014）第 280055 号

和谐社会构建中的制度创新研究

著　　者／周　文

出 版 人／谢寿光
项目统筹／恽　薇
责任编辑／高　雁　梁　雁

出　　版／社会科学文献出版社·经济与管理出版分社(010)59367226
　　　　　　地址：北京市北三环中路甲 29 号院华龙大厦　邮编：100029
　　　　　　网址：www. ssap. com. cn
发　　行／市场营销中心（010）59367081　59367090
　　　　　　读者服务中心（010）59367028
印　　装／三河市尚艺印装有限公司

规　　格／开　本：787mm × 1092mm　1/16
　　　　　　印　张：11.5　字　数：154 千字
版　　次／2015 年 2 月第 1 版　2015 年 2 月第 1 次印刷
书　　号／ISBN 978 - 7 - 5097 - 6810 - 5
定　　价／59.00 元